LES ROYAUMES DE FEU

2. LA PRINCESSE DISPARUE

LA BANDE DESSINÉE

À Barry, Rachel, Mike, Maarta et Phil – merci de si bien comprendre
ces dragonnets et de rendre leur magie en bande dessinée !
T. T. S.

À Oscar – j'ai hâte de voir comment tu dessineras !
M. H.

Titre original : *Wings of Fire. The Lost Heir – The Graphic Novel*

Édition originale publiée aux États-Unis par Graphix, un département
de Scholastic Inc. SCHOLASTIC et les logos associés sont des marques
et / ou des marques déposées de Scholastic Inc.
Tous droits réservés.

© Tui T. Sutherland, 2019, pour le scénario et le texte
Adaptation par Barry Deutsch
© Mike Schley, 2012, pour la carte et le design
© Mike Holmes, Scholastic, Inc., 2019 pour le dessin

Création graphique : Phil Falco
Directeur artistique : David Saylor

© Éditions Gallimard Jeunesse, 2019, pour la traduction française

Mise en pages française : IGS et Maryline Gatepaille

Loi n° 49-956 du 16 juillet 1949
sur les publications pour la jeunesse

ISBN : 978-2-07-513245-9
N° d'édition : 355720
Dépôt légal : septembre 2019

Imprimé en Roumanie par Canale

LES ROYAUMES DE FEU

2. LA PRINCESSE DISPARUE

LA BANDE DESSINÉE

DE **TUI T. SUTHERLAND**

ADAPTATION : **BARRY DEUTSCH**
DESSIN : **MIKE HOLMES**
MISE EN COULEUR : **MAARTA LAIHO**

TRADUIT DE L'ANGLAIS (ÉTATS-UNIS) PAR
VANESSA RUBIO-BARREAU

GALLIMARD JEUNESSE

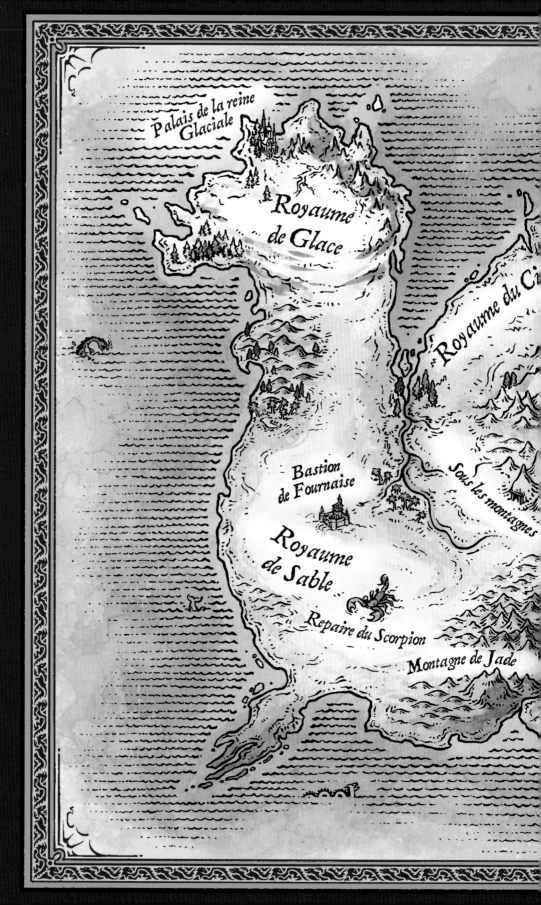

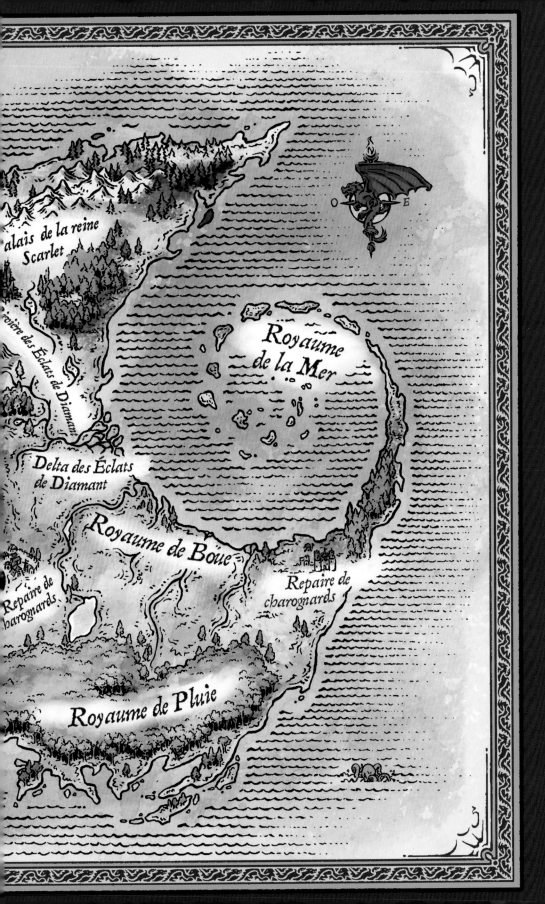

LA PRINCESSE
DISPARUE

QUAND LA GUERRE AURA DURÉ VINGT LONGUES ANNÉES,
VIENDRA LE TEMPS DES DRAGONNETS.
QUAND LA TERRE SERA DE SANG ET DE LARMES IMBIBÉE,
VIENDRA LE TEMPS DES DRAGONNETS.

DE TOUS LES ŒUFS,
CELUI DES AILES DE MER SERA LE PLUS BLEU.

AU SOMMET DE LA MONTAGNE, TRÈS HAUT,
CELUI DES AILES DU CIEL SERA LE PLUS GROS.

QUANT AUX AILES DE NUIT,
ILS VIENDRONT À VOUS SANS BRUIT.

DANS LA TERRE DES AILES DE BOUE, AU FOND,
REPOSE L'ŒUF COULEUR SANG-DE-DRAGON.
ENFIN, CACHÉ, À L'ABRI DES REINES RIVALES,
SE TROUVE L'ŒUF DES AILES DE SABLE.

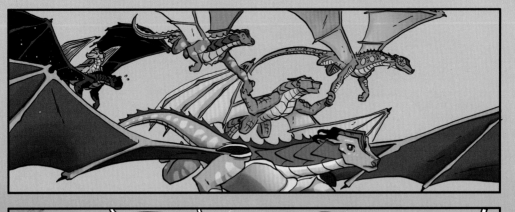

DES DAUPHINS ROSES !

ÇA SE MANGE ?

NON !

TU PARLES, C'EST PLUTÔT MOI QUI L'AI TROUVÉE.

COMME DANS L'HISTOIRE ?

POUR DE VRAI ?

AH OUI, VRAIMENT ? TOI, NAUFRAGE ? QUELLE ÉTRANGE COÏNCIDENCE !

ET VOUS, QUI ÊTES-VOUS ?

VOICI REQUIN, COMMANDANT DE LA GARDE DU PALAIS, ET FRÈRE DE LA REINE CORAIL.

CE QUI FAIT DE LUI MON ONCLE.

PEU IMPORTE, JE NE VAIS PAS ME PROSTERNER DEVANT LUI.

ET QU'EST-CE QUI TE FAIT CROIRE QUE CE BROUILLON DE DRAGONNE VIENT DE L'ŒUF VOLÉ À LA REINE ?

PARCE QUE VOUS VOUS FAITES VOLER BEAUCOUP D'ŒUFS ? LE GARDE CHARGÉ DE LA SURVEILLANCE DU PALAIS N'EST PAS TRÈS DOUÉ...

OH, MAIS ATTENDEZ... C'EST VOUS, NON ?

SON RÉCIT EST VRAISEMBLABLE. ELLE EST AU COURANT POUR... POUR PALM. ET REGARDEZ LE MOTIF, SOUS SES AILES.

VITE, ALLUME TES ÉCAILLES !

OOOH !

AAAH !

LA PRINCESSE DISPARUE !

REGARDE LES AILES DE REQUIN. MÊME MOTIF.

PARCE QUE NOUS SOMMES DE SANG ROYAL.

MAIS MOI, JE DEVIENDRAI REINE. ALORS QUE REQUIN NE SERA JAMAIS RIEN DE PLUS QU'UN SOLDAT.

TRÈS BIEN.

TUEZ LES AUTRES ET AMENEZ-LA AU PALAIS.

NE LES TOUCHEZ PAS !

JE SUIS LA FILLE DE LA REINE ET JE VOUS ORDONNE DE LAISSER CES DRAGONNETS EN PAIX !

BIEN.

CONDUISEZ-MOI AUPRÈS DE MA MÈRE.

LA REINE A DES AFFAIRES À RÉGLER AU PALAIS DES PROFONDEURS. VOUS L'ATTENDREZ AU PALAIS D'ÉTÉ.

PRÉVENEZ LA REINE.

LA REINE, MA MÈRE !

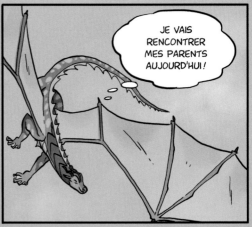

JE VAIS RENCONTRER MES PARENTS AUJOURD'HUI !

QU'EST-CE QUI SE PASSE ? JE NE VOIS TOUJOURS RIEN.

OH, GLORIA !

TSUNAMI NOUS A SORTIS DU PÉTRIN DANS LEQUEL ELLE NOUS AVAIT FOURRÉS.

SI C'ÉTAIT LE COMITÉ D'ACCUEIL, ON NE DOIT PAS ÊTRE LOIN DE L'ENTRÉE DU PALAIS D'ÉTÉ. JE ME DEMANDE COMMENT ILS L'ONT CAMOUFLÉ.

TU VAS VOIR.

NE ME DIS PAS QUE C'EST LE PALAIS D'ÉTÉ.

ATTENDS !

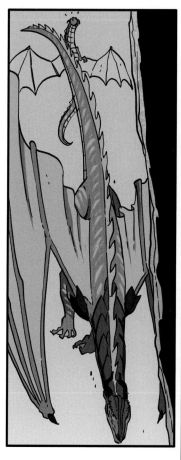

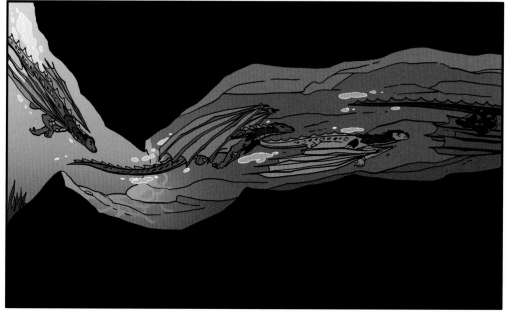

DEUXIÈME PARTIE : DANS LES PROFONDEURS DE L'OCÉAN

TUI T. SUTHERLAND est l'auteure de plusieurs séries best-sellers classées dans la liste des meilleures ventes du *New York Times* et de *USA Today* dont *Les Royaumes de Feu* et *S.O.S. créatures fantastiques*. Elle a également collaboré en tant qu'auteure aux séries à succès *Animal Tatoo* (Bayard Jeunesse) et *La Guerre des clans* (sous le pseudonyme Erin Hunter, PKJ). En 2009, elle fut durant deux jours championne de l'émission *Jeopardy!* Elle vit dans le Massachusetts avec son merveilleux mari, deux fils adorables et deux chiens très patients. Pour en savoir plus sur les livres de Tui, rendez-vous sur son site www.tuibooks.com.

BARRY DEUTSCH est un dessinateur primé, créateur de la bande dessinée *Hereville*, mettant en scène une héroïne juive orthodoxe de onze ans... qui combat des trolls! Il vit à Portland, en Oregon, avec un nombre variable de chats et de poissons.

MIKE HOLMES a dessiné plusieurs séries de bande dessinée aux États-Unis. On lui doit, entre autres, la série *Les Codeurs de l'ombre* (écrite par Gene Luen Yang, 404 Éditions). Il vit à Philadelphie avec son épouse Meredith, Heidi le chien et Ella le chat.

MAARTA LAIHO est coloriste de bandes dessinées. On peut la trouver en train de jardiner ou de parler à son chat. Elle habite dans les forêts du Maine.

CYCLE 2

6. LA MONTAGNE DE JADE

7. LE PIÈGE DE GLACE

8. LA MISSION DE PÉRIL

9. LES SERRES DU POUVOIR

10. LA TEMPÊTE DE SABLE

L'AVENTURE CONTINUE...

LES ROYAUMES DE FEU
11. LE CONTINENT PERDU

EN LIBRAIRIE EN 2020

CINQ DRAGONNETS, UNE PROPHÉTIE,
DES ROMANS ÉPIQUES...
DÉCOUVREZ LA SAGA ORIGINALE
DE TUI T. SUTHERLAND

CYCLE 1

1. LA PROPHÉTIE

2. LA PRINCESSE DISPARUE

3. AU CŒUR DE LA JUNGLE

4. L'ÎLE AU SECRET

5. LA NUIT-LA-PLUS-CLAIRE

ÉPILOGUE : TROIS JOURS PLUS TARD

RIEN NE S'EST PASSÉ COMME PRÉVU.

VOUS AVIEZ OMIS DE MENTIONNER QUE VOS DRAGONNETS ÉTAIENT AUSSI AGAÇANTS.

OUI, MAIS VOUS AURIEZ PU ÊTRE MOINS ODIEUSE AVEC EUX.

AU MOINS, PALM EST MORT.

OUI, SANS DOUTE.

LA REINE CORAIL A SURVÉCU ?

TOUT COMME SES REJETONNES. CE N'ÉTAIT PAS DANS MON INTÉRÊT QU'ELLE MEURE.

HÉLAS, ELLE FAIT DES HISTOIRES. ELLE PRÉTEND QUE MON ARME SECRÈTE...

... NE SERA PAS PRÊTE AVANT DES ANNÉES.

ELLE SE PASSERA DES POUVOIRS DE SA PETITE AFIN QU'ELLE NE SE CHANGE PAS EN CRIMINELLE.

BREF... ÇA N'A PAS ÉTÉ MA MEILLEURE SEMAINE DE GUERRE.

IL Y A UNE AUTRE OPTION, MAIS JE NE SUIS PAS SÛR QU'ELLE VOUS PLAIRA.

VOICI NAUTILUS, L'UN DES DIRIGEANTS DES SERRES DE LA PAIX. IL A UN PLAN B...

DES TROIS REINES FLAMME, FIÈVRE ET FOURNAISE,
DEUX MOURRONT ET L'AUTRE APPRENDRA
QUE SI UN DESTIN PLUS HAUT ELLE VEUT BIEN ACCEPTER,
AU POUVOIR DES AILES DE FEU ELLE ACCÉDERA.

CINQ ŒUFS ÉCLORONT PAR LA NUIT-LA-PLUS-CLAIRE,
CINQ DRAGONS NÉS POUR METTRE FIN À LA GUERRE.
L'OBSCURITÉ FERA PLACE À LA LUMIÈRE.
VOICI VENU LE TEMPS DES DRAGONNETS.

PREMIÈRE PARTIE :
À LA RECHERCHE DES AILES DE MER

AHHHH...

GLOUP

CLAC !

TU SAIS CE QUE J'AIME ?
LES GROS POISSONS, PAS
CETTE PETITE FRITURE.

GROAR

ARGIL,
ON A POURTANT
MANGÉ TON ÉNORME
COCHON HIER.

IL ÉTAIT PAS
ÉNORME. C'ÉTAIT LE
PLUS PETIT COCHON
DU MONDE.

JE SUIS SÉRIEUX.
ON N'EST PAS EN SÉCURITÉ
SUR LA PLAGE, AVEC LES AILES
DE BOUE ET DU CIEL À
NOS TROUSSES...

POURQUOI TU T'INQUIÈTES ? EN CAS DE PÉPIN, TES AMIS AILES DE NUIT REDESCENDRONT DU CIEL POUR TE SAUVER.

CE N'EST PAS POUR MOI QUE JE M'INQUIÈTE !

JE M'EFFORCE D'ASSURER *NOTRE* SÉCURITÉ.

ÇA, JE M'EN CHARGE. JE N'AI JAMAIS FAILLI À MA TÂCHE, SI ?

BAH, LA FOIS OÙ LES AILES DU CIEL NOUS ONT CAPTURÉS...

... ET OÙ LEUR REINE A FAILLI NOUS TUER...

SPLASH !

ARRÊTEZ !

ARRÊTEZ DE VOUS DISPUTER !

DANS L'EAU?

OÙ VEUX-TU QUE JE TROUVE DES AILES DE MER?

NAGER DANS LA MER, C'EST PLUS DUR QUE DANS UNE RIVIÈRE.

IL Y A DE PUISSANTS COURANTS... DES VAGUES IMPRÉVISIBLES... ET DE GROSSES BÊTES PLEINES DE DENTS...

JE SUIS UNE GROSSE BÊTE PLEINE DE DENTS.

C'EST DANGEREUX. ET SI ON TE PERDAIT?

DÉTENDS-TOI, COMÈTE! TSUNAMI EST LA MEILLEURE!

OH, NON !
ON NE POURRA PAS RESTER ENSEMBLE SI TU PLONGES. ON NE PEUT PAS RESPIRER SOUS L'EAU !

OH, ARGIL !

TU VIENS DE RÉALISER QUE LES AILES DE MER VIVAIENT DANS LA MER ?

SÉRIEUX ?
T'AS RIEN RETENU DE TOUS NOS COURS DE GÉO ?

QUOI ?

LES AILES DE MER ONT AUSSI UN PALAIS À L'AIR LIBRE.

AH OUF, TANT MIEUX.

EN FAIT, J'AVAIS OUBLIÉ AUSSI.

ÇA NE VA PAS ÊTRE FACILE, CAR LES DEUX PALAIS,

AUSSI BIEN SOUS L'EAU QU'EN SURFACE,

SONT EXTRÊMEMENT BIEN CACHÉS.

VOILÀ POURQUOI LES AILES DE MER RÉSISTENT SI BIEN À CETTE GUERRE, ALORS QU'ILS NE CRACHENT PAS DE FEU.

PERSONNE NE SAIT OÙ LES TROUVER.

UN PEU COMME LES AILES DE NUIT.

RIEN À VOIR ! LES AILES DE MER NE JOUENT PAS LES MYSTÉRIEUX-PRÉTENTIEUX. ILS PROTÈGENT JUSTE LEUR ROYAUME.

ÇA SENT LE BRÛLÉ, NON ?

PAR LES TROIS LUNES, COMÈTE ! ON NE VA PAS FILER SE CACHER DÈS QU'UN PETIT TRUC T'EFFRAIE !

JE CROIS QU'IL A RAISON. J'ENTENDS DES BATTEMENTS D'AILES.

FLAP
FLAP
FLAP

MOI AUSSI.

D'AUSSI LOIN ?

FLAP
FLAP
FLAP

FLAP
FLAP
FLAP

FLAP
FLAP
FLAP

DES AILES DU CIEL! VITE! À L'EAU!

PAS QUESTION.

D'ACCORD. VIENS, SUNNY!

JE VAIS PLUTÔT SOUS LES ARBRES. JE VOLE TRÈS VITE.

C'EST PLUS SÛR DANS L'EAU.

BON, OK. FILE!

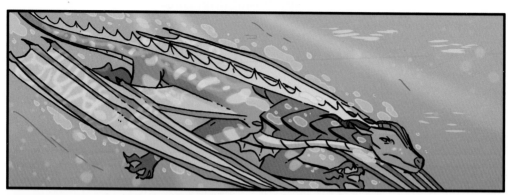

SUNNY DOIT ÊTRE BIEN À L'ABRI, MAINTENANT.

J'ESPÈRE...

IL FAUT QUE JE VÉRIFIE.

JE SORS UN ŒIL DE L'EAU...

SUNNY,
VITE !

WOUSH !

UN AILE
DE BOUE ?

JE NE FAIS
PAS CONFIANCE
AUX SERRES.

JE N'AIME
PAS TRAVAILLER
AVEC VOUS NON
PLUS.

UN AILE DE BOUE
DANS LES SERRES
DE LA PAIX ?

TU ES SÛR QU'IL NOUS Y CONDUIRA ?

OUI.

C'EST UN VIEIL AILE DE MER SENTIMENTAL QUI A LE MAL DU PAYS. JE LUI AI DIT QUE LA REINE ÉTAIT D'HUMEUR CLÉMENTE.

ET IL T'A CRU ?

IL EST TOUJOURS EN DEUIL.

QUE COMPLOTENT LES SERRES DE LA PAIX ?

FLAP
FLAP
FLAP

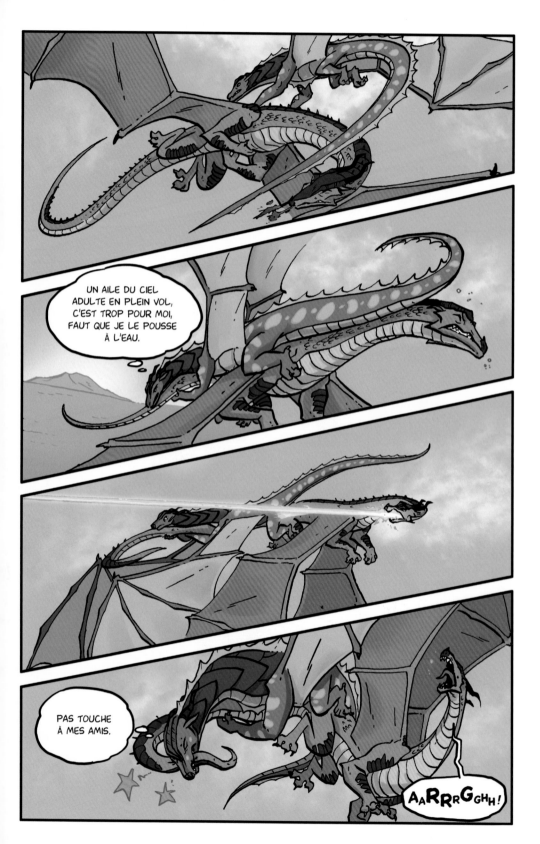

UN AILE DU CIEL ADULTE EN PLEIN VOL, C'EST TROP POUR MOI, FAUT QUE JE LE POUSSE À L'EAU.

PAS TOUCHE À MES AMIS.

AARRRGGHH!

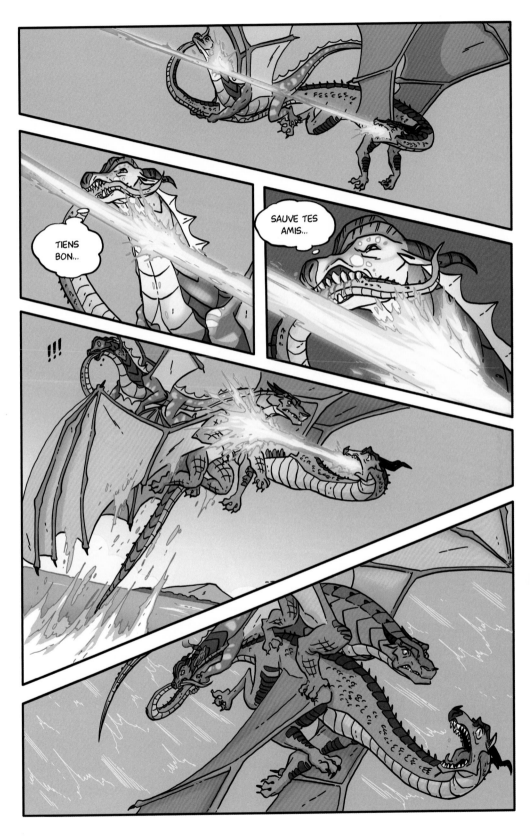

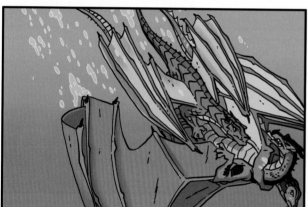

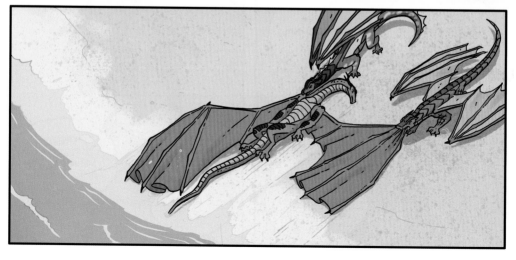

QU'EST-CE
QUI T'A PRIS ?

DE RIEN, GLORIA.
J'ADORE VOUS SAUVER
LA VIE.

EN ATTAQUANT UN
DRAGON INNOCENT ?

POURQUOI T'AS
FAIT ÇA ?

POUR VOUS
PROTÉGER.

MAIS IL N'AVAIT
RIEN FAIT.

IL ALLAIT APPELER
DES RENFORTS. JE
L'AI VU OUVRIR
LA GUEULE.

MOI AUSSI.
JE CROIS BIEN QU'IL
BÂILLAIT.

TU « CROIS
BIEN » ? ET TU
RISQUERAIS NOS
VIES POUR ÇA ?

IL NE
BÂILLAIT
PAS.

À MOINS
QUE... ?

NON, J'AI
DÉTECTÉ UNE
MENACE ET J'AI
RÉAGI. NORMAL.

NON ?

SI TU AVAIS RÉFLÉCHI UNE SECONDE AVANT D'AGIR...

COMME TOI ? TU PASSES TON TEMPS À COGITER SANS JAMAIS RIEN FAIRE.

ET TOI, TU FAIS QUOI ?

J'ESSAIE DE LE RANIMER.

BOUM BOUM BOUM

QUOI ? ON NE PEUT PAS LUI LAISSER LA VIE SAUVE !

ON N'EST PAS FORCÉS DE LE TUER. ON VA LE LIGOTER ET S'EN ALLER.

GÉNIAL. ET SI ON LAISSAIT UNE PISTE D'OS DE VACHE ? OU UNE CARTE QUI MONTRE OÙ ON VA ? OU JE PEUX ÉCRIRE AVEC DES CAILLOUX SUR LA PLAGE : « LES DRAGONNETS SONT PASSÉS PAR LÀ. »

TRÈS BIEN. ACHÈVE-LE.

C'EST FACILE, CRACHE-LUI UN PEU DE VENIN À LA FIGURE !

...

JE NE VAIS PAS TUER UN DRAGON SANS DÉFENSE !

GLOUPS ! ARGH ! KEUF KEUF !

FANTASTIQUE ! QU'EST-CE QU'ON FAIT DE LUI, MAINTENANT, GRAND CHEF ?

IL Y A UN ARBRE, DANS LA FORÊT...

UN TRONC COUCHÉ...

SANS BLAGUE ! UN ARBRE DANS LA FORÊT ?

ATTENDS. À GAUCHE !

GAUCHE ! GAUCHE !

NON, À DROITE !

COMME SI ON AVAIT BESOIN DE LUI POUR BOUGER UN TRONC.

IL SE RÉVEILLE.

ON A INTÉRÊT À SE BOUGER.

ET SI ON LE RELÂCHAIT ?

IMPOSSIBLE.

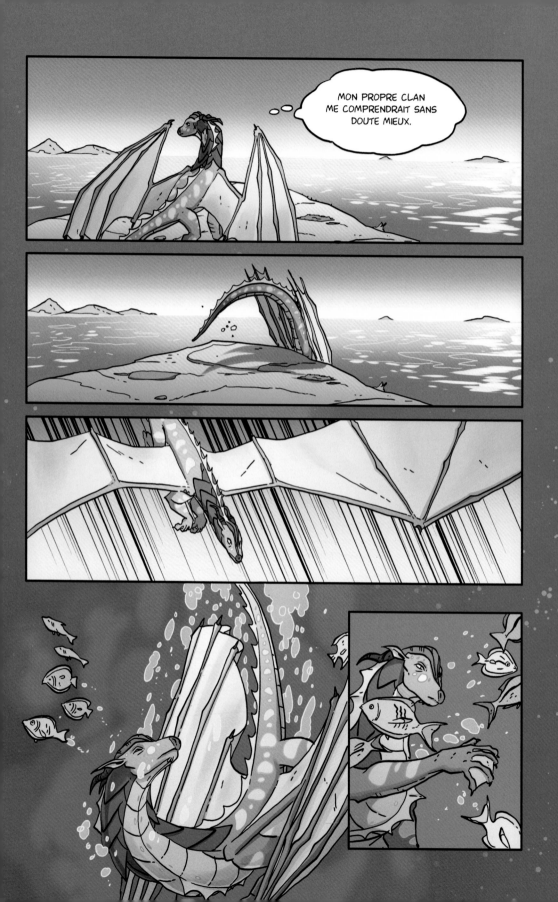

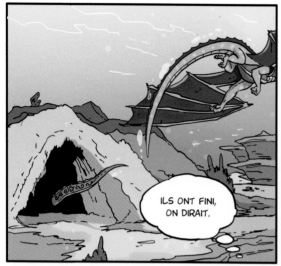

ILS ONT FINI, ON DIRAIT.

BON... JE SUIS LÀ POUR RENCONTRER DES AILES DE MER, NON ? ET JE PRÉFÈRE PARLER À CELUI-CI QU'À L'AUTRE.

MAINTENANT OU JAMAIS !

ON REMONTE POUR DISCUTER ?

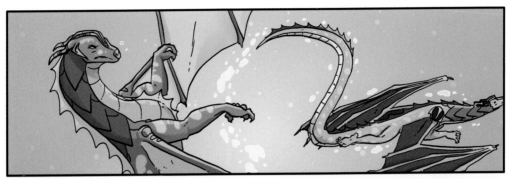

ARRÊTE !
JE VEUX JUSTE
DISCUTER !

GRROOOOOOAAARRR

ARGH !

JE TE
TIENS !

FLASH
FLASH
FLASH

JE VAIS FAIRE
PAREIL. C'EST
PEUT-ÊTRE
UN TEST.

TU VOIS, JE CLIGNOTE AUSSI. JE SUIS UNE AILE DE MER. MAINTENANT, REMONTONS POUR DISCUTER.

FLASH

FLASH
FLASH
FLASH

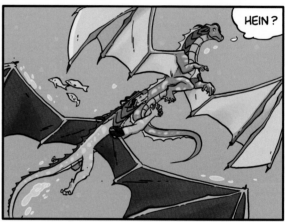

HEIN ?

LÂCHE-MOI !

ARGH ! POURQUOI IL M'ATTAQUE ?

JE VAIS CHERCHER ARGIL EN RENFORT.

ATTENDEZ !

OÙ ALLEZ-VOUS ? QU'EST-CE QUI VOUS PREND ?

VOUS VENEZ DE M'ATTAQUER !

CERTAINE-MENT PAS.

J'AI CRU QUE...

EN PRINCIPE...

VOUS DISIEZ QUE JE VOUS PLAISAIS !

J'AI JAMAIS DIT ÇA ! VOUS HALLUCINEZ, ESPÈCE DE MOLLUSQUE SANS CERVELLE !

PEUT-ÊTRE PAS EN CES TERMES EXACTS. C'ÉTAIT UN PEU CONFUS... TRÈS CONFUS MÊME...

ET À QUEL MOMENT JE VOUS AURAIS DIT ÇA ? AVANT OU APRÈS VOUS ÊTRE JETÉ SUR MOI ?

C'EST VOUS QUI M'AVEZ ATTAQUÉ. MOI, J'ESSAYAIS D'ÊTRE GENTIL.

ARRÊTEZ !

RÉPÉTEZ-MOI CE QUE JE SUIS CENSÉE AVOIR DIT.

HEU...

« HÉ, BELLES DENTS, J'ADORE TROIS DE TES GRIFFES, ET J'AIMERAIS QUE TON MUSEAU SOIT UN HARENG POUR POUVOIR LE DÉVORER... »

HA HA HA ! HILARANT !

VOUS NIEZ AVOIR DIT TOUT ÇA ?

ÉVIDEMMENT ! JE N'AI RIEN DIT DU TOUT, ENFIN ! ON ÉTAIT SOUS L'EAU !

QUI ÊTES-VOUS ?

UNE AILE DE MER, COMME VOUS. PAS LA PEINE DE S'ÉNERVER.

UNE AILE DE MER QUI NE PARLE PAS AQUATIC ? IMPOSSIBLE.

AQUATIC ? LES AILES DE MER POSSÈDENT LEUR PROPRE LANGUE ?

ATTEN-TION !

ARGIL ! ARRÊTE, MOLLUSQUE SANS CERVELLE !

QU'EST-CE QUE VOUS FAITES ?

C'EST MON AMI !

JE VOUS SAUVE DE CET AILE DE BOUE.

MAIS LES AILES DE BOUE SONT NOS ENNEMIS !

LAISSEZ ARGIL TRANQUILLE !

ÇA, C'EST SUNNY. ESSAYEZ DE NE PAS LUI FAIRE DE MAL, ON A BESOIN DE CET AILE DE MER.

JE DOUTE QUE CE MOUCHERON ME FASSE LE MOINDRE MAL.

NOUS NE SOMMES PAS VOS ENNEMIS.

NOUS SOMMES LES DRAGONNETS DU DESTIN.

NAUFRAGE... DRÔLE DE NOM.

ÇA ME PLAÎT. FÉROCE ET EFFRAYANT, COMME LE MIEN.

ET VOUS ÊTES... LES DRAGONNETS DU DESTIN. CEUX DE LA PROPHÉTIE.

VOUS AVEZ VRAIMENT ÉTÉ ÉLEVÉS DANS UNE GROTTE ? SANS JAMAIS VOIR LA MER ?

PAS JUSQU'À CE QU'ON S'ÉVADE.

C'EST AFFREUX !

JE SAIS !

MÊME PALM NE VOUS A JAMAIS EMMENÉS À LA MER ?

VOUS CONNAISSEZ PALM ?

PAS VRAIMENT. IL S'EST ENFUI QUAND J'AVAIS DEUX ANS.

MAIS IL EST TRÈS CÉLÈBRE DANS NOTRE CLAN CAR IL A VOLÉ UN ŒUF À LA REINE.

DE LA HAUTE TRAHISON.

PERSONNE N'A FAIT LE RAPPROCHEMENT AVEC LA PROPHÉTIE ?

LA REINE FIÈVRE N'AIME PAS QU'ON EN PARLE.

FIÈVRE DÉCIDE DE QUOI LES AILES DE MER ONT LE DROIT DE PARLER ?

UN CONSEIL : DITES « REINE FIÈVRE » SI VOUS LA CROISEZ.

SI ET SEULEMENT SI NOUS LA CHOISISSONS COMME REINE.

ELLE EST PLUTÔT PAS MAL. JE VEUX DIRE, C'EST LA PLUS INTELLIGENTE... ALORS ON...

QU'EST-CE QUE TU RACONTES ?

RIEN DU TOUT.

DE TOUTE FAÇON, ON S'EN MOQUE, DE LA PROPHÉTIE.

PAS MOI !

NOUS, ON VEUT RETROUVER NOS PARENTS.

J'AI APPRIS RÉCEMMENT QUE J'AVAIS ÉTÉ VOLÉE DANS LA NURSERY ROYALE.

ALORS... J'AI PENSÉ QUE...

MES PARENTS ME CHERCHAIENT PEUT-ÊTRE, COMME DANS...

LA PRINCESSE DISPARUE?

VOUS CONNAISSEZ?

ON EST OBLIGÉS DE LE LIRE À L'ÉCOLE.

OBLIGÉS? BIZARRE...

À L'ÉCOLE...

JE NE PEUX PAS VOUS EMMENER AU PALAIS. PAS AVEC **LUI**...

VOUS N'AVEZ DONC RIEN ÉCOUTÉ ? CE N'EST PAS UN AILE DE BOUE COMME LES AUTRES.

J'AI DÉJÀ ASSEZ DE PROBLÈMES AVEC LA REINE CORAIL.

SI JE LUI RAMÈNE UN AILE DE BOUE, ELLE ME FERA ARRACHER TOUTES LES DENTS.

OUILLE ! C'EST PAS UNE VRAIE PUNITION, SI ?

ET SI JE VOUS CONDUISAIS LÀ-BAS SANS LES AUTRES, EN ATTENDANT L'AUTORISATION DE LA REINE ?

NON, ON Y VA TOUS ENSEMBLE.

RÉFLÉCHISSEZ... QUE DIRA LA REINE CORAIL SI ELLE APPREND QUE VOUS AVEZ CROISÉ SA FILLE DISPARUE ET QUE VOUS NE L'AVEZ PAS RAMENÉE ?

BON... D'ACCORD.

MAIS ON LUI BANDE LES YEUX.

MIEUX, ON LEUR CACHE LES YEUX À TOUS.

VOUS AVEZ PEUR DE QUOI ? QUE JE RAMÈNE D'AFFREUX AILES DE PLUIE QUI RONFLERONT SUR LE TOIT DE VOTRE PALAIS ?

PEUR DES AILES DE PLUIE ? PFF. RIDICULE.

PAS DE BANDEAU POUR MOI, ALORS.

LES AILES DE NUIT SAVENT TOUT. PAS LA PEINE D'ESSAYER DE LEUR... EUH, DE ME CACHER QUOI QUE CE SOIT.

VOUS POUVEZ ME BANDER LES YEUX SI VOUS VOULEZ.

DANS CE CAS, SUNNY, MONTE SUR MON DOS.

OU LE MIEN.

TU ES ASSEZ COSTAUD ?

BIEN SÛR. TOI, TU GUIDERAS ARGIL.

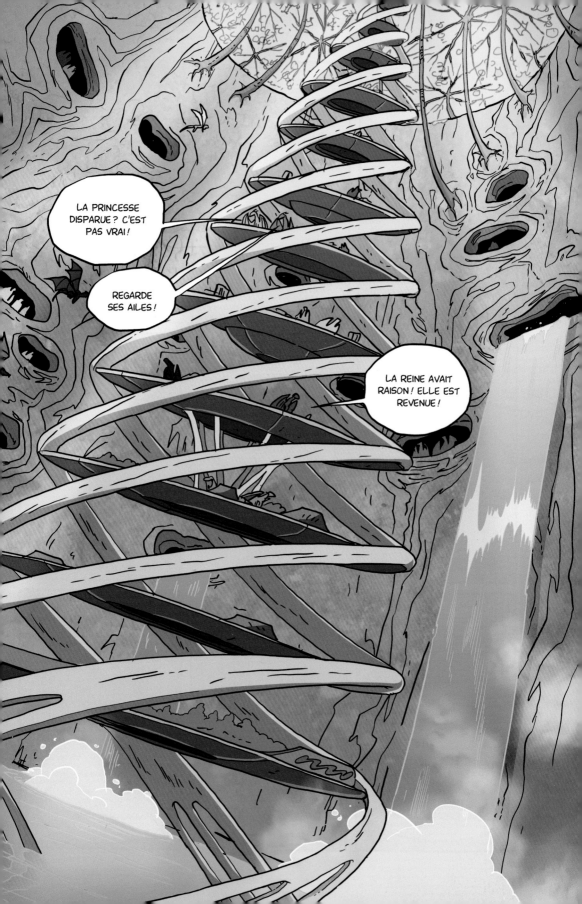

SI REQUIN NE FAIT PAS DE DISCOURS, MOI, JE PEUX.

JE VEUX FAIRE BONNE IMPRESSION AUX DRAGONS DE MON ROYAUME.

BONJOUR, CHERS AILES DE MER...

JE SUIS TSUNAMI, ET EUH...

JE SUIS TRÈS HEUREUSE D'ÊTRE ENFIN DE RETOUR...

ET HUM... J'AI...

... HÂTE DE FAIRE VOTRE CONNAISSANCE !

PAR LES TROIS LUNES ! C'ÉTAIT LE PIRE DISCOURS DE TOUTE L'HISTOIRE DE PYRRHIA.

VOUS POURRIEZ M'EMMENER ATTENDRE MA MÈRE DANS UN ENDROIT TRANQUILLE ?

LÀ-HAUT.

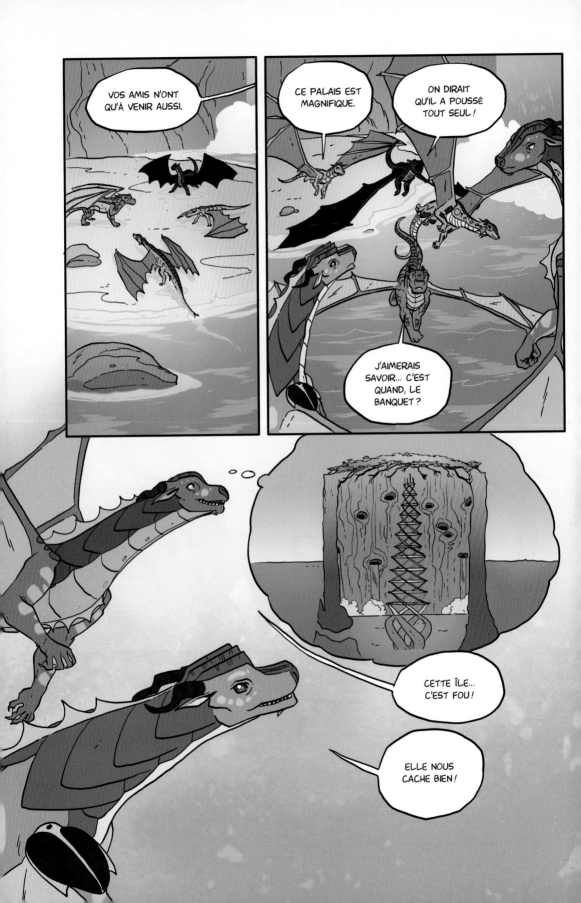

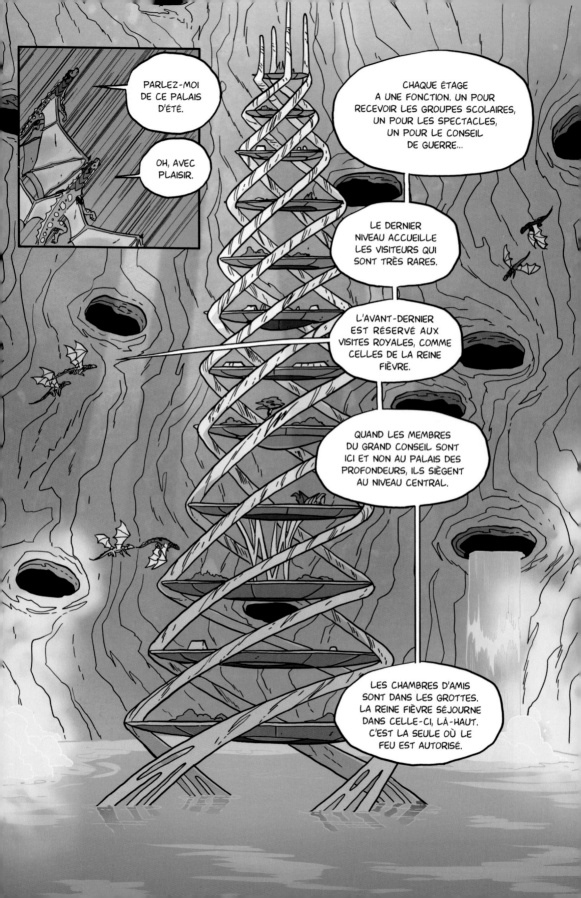

IL Y A UN ÉTAGE RÉSERVÉ AUX PRINCESSES DISPARUES ?

LE SOMMET SERAIT LE MIEUX.

NOTRE DERNIER INVITÉ ÉTAIT UN AILE DE NUIT.

UN AILE DE NUIT ? QUEL AILE DE NUIT ?

JE L'IGNORE. UN GRAND GRINCHEUX.

L'ORACLE !

JAMAIS PERSONNE N'AVAIT PARLÉ À REQUIN SUR CE TON, À PART NOTRE SOUVERAINE ET LA REINE FIÈVRE.

IL L'A BIEN MÉRITÉ. QUEL ARROGANT POISSON-BALLON !

NE DITES PAS ÇA !

VOUS N'ÊTES PAS COURAGEUSE, MAIS TÉMÉRAIRE ! S'IL SE SENT MENACÉ, REQUIN VOUS MANGERA TOUTE CRUE ET VOS AMIS AUSSI !

PFF ! QU'IL ESSAYE.

PAR LES TROIS LUNES ! VOUS M'EFFRAYEZ.

C'EST LE TRÔNE ?

IL Y EN A DEUX ?

IL EST TROP PETIT POUR UN ROI...

LA REINE CORAIL M'A FAIT FAIRE UN TRÔNE ET A ATTENDU TOUTES CES ANNÉES QUE JE M'Y ASSEYE ?

UN TRÔNE RIEN QUE POUR MOI ! DÉJÀ !

ON EST PERCHÉS TRÈS HAUT, PLUS HAUT QUE NOS CELLULES AU PALAIS DU CIEL, IL ME SEMBLE.

BON, C'EST PLUS AGRÉABLE D'ÊTRE EN ALTITUDE QUAND ON EST DÉTACHÉ. MAIS LES AILES DU CIEL NOUS DONNAIENT PARFOIS UN COCHON À MANGER. VOUS AVEZ DES COCHONS ? DITES, COMMENT VOUS VOUS Y ÊTES PRIS POUR BÂTIR CETTE CHOSE ?

LE PAVILLON ? UN DRAGON ANIMUS A ENSORCELÉ LA PIERRE IL Y A DES SIÈCLES.

WAOUH.

UN ANIMUS PEUT FAIRE ÇA ?

ET LES BANQUETS, C'EST À QUEL ÉTAGE ? J'AVALERAIS UNE BALEINE, TELLEMENT J'AI FAIM. OU UN POULPE. OU UN CALMAR. JE NE SUIS PAS DIFFICILE. VOUS FAITES BIEN DES BANQUETS, NON ?

OUI, PARFOIS. SURTOUT QUAND LA REINE FIÈVRE EST...

ARGH.

PFIOU ! PFIOU !

ARGH.

QUAND LA REINE CORAIL ARRIVERA, TÂCHEZ DE PARAÎTRE UN PEU PLUS DIGNES !

C'EST QUI, ÇA ?

TA SŒUR, ANÉMONE.

ANÉMONE, VOICI TA SŒUR. CELLE DONT L'ŒUF A ÉTÉ VOLÉ. ELLE EST BELLE, N'EST-CE PAS ?

OH. NOTRE FIÈRE CHEFTAINE N'EST PEUT-ÊTRE PAS DESTINÉE À ÊTRE REINE, FINALEMENT.

J'AURAIS PU ÊTRE À SA PLACE. J'AURAIS PU AVOIR LES COLLIERS, LE TRÔNE MINIATURE ET UNE MÈRE QUI M'AIME !

COMÈTE A DIT QUE TOUTES LES AUTRES FILLES DE LA REINE ÉTAIENT MORTES. POUR UNE FOIS QU'IL SE TROMPE, C'EST SUR MON COMPTE !

ELLE N'A PAS L'AIR BIEN COSTAUD. JE POURRAIS FACILEMENT LA BATTRE.

SALUT. MOI, C'EST TSUNAMI.

SALUT.

QU'EST-CE QUI ME PREND ? C'EST MA FAMILLE.

UN BEAU NOM. AU MOINS, PALM AURA FAIT UNE CHOSE DE BIEN.

OÙ EST-IL ? VOILÀ DES ANNÉES QUE JE PRÉPARE SON CHÂTIMENT.

SA MORT NE SERA PAS RAPIDE.

QUOI ! NOUS CHERCHONS UN ASILE, PAS À RETOURNER EN PRISON !

PAS TOUCHE !

STOP !

VOTRE MAJESTÉ... MÈRE, JE PENSAIS QUE VOUS ALLIEZ NOUS PROTÉGER.

C'EST POUR LEUR BIEN, MA CHÉRIE. MES SUJETS N'HÉSITERONT PAS À ATTAQUER S'ILS CROISENT UN AILE DE BOUE OU QUOI QUE CE SOIT D'INHABITUEL...

... COMME CETTE CRÉATURE.

DONC PAS DE BANQUET ?

LAGUNE, FAITES QUE NOS INVITÉS NE MANQUENT DE RIEN. NOUS ALLONS PRENDRE SOIN DE VOUS.

INUTILE DE LES LIGOTER, ILS VOUS SUIVRONT DE LEUR PLEIN GRÉ.

PARLE POUR TOI.

CALME-TOI, GLORIA. TU AS ENTENDU LA REINE. C'EST POUR VOTRE BIEN.

JE T'EN PRIE, NE ME CONTREDIS PAS DEVANT MA MÈRE.

TRÈS BIEN, JE VOUS SUIS. MAIS PAS TOUCHE!

PARFAIT. MAINTENANT, FILEZ.

C'EST TOUJOURS MIEUX QU'AU PALAIS DU CIEL. ON N'A PAS À SE BATTRE À MORT.

ÇA VA ALLER. JE VOUS REJOINS BIENTÔT.

TU N'AS AUCUN BIJOU, MA BELLE DRAGONNETTE! JE VAIS RATTRAPER CES ANNÉES OÙ JE N'AI PAS PU TE FAIRE DE CADEAUX...

MON PREMIER TRÉSOR.

AUCUNE RAISON DE M'INQUIÉTER POUR MES AMIS.

ON PEUT PARLER EN PRIVÉ ?

BIEN SÛR. GARDES, VOUS POUVEZ DISPOSER. REQUIN, PRÉVENEZ LA REINE FIÈVRE. QU'ELLE VIENNE AU PLUS VITE.

QUANT À TOI, MISÉRABLE CRÉATURE, RETOURNE À TON POSTE ET RESTES-Y JUSQU'À CE QU'ON TE RÉCLAME.

VOUS N'AVEZ PAS L'AIR D'APPRÉCIER NAUFRAGE. JE LE TROUVE SYMPA, MOI.

OH, NON ! NE TE FIE PAS À LUI. C'EST LE FILS DE PALM. LEUR LIGNÉE EST ENTACHÉE PAR LA TRAHISON.

LE FILS DE PALM ?

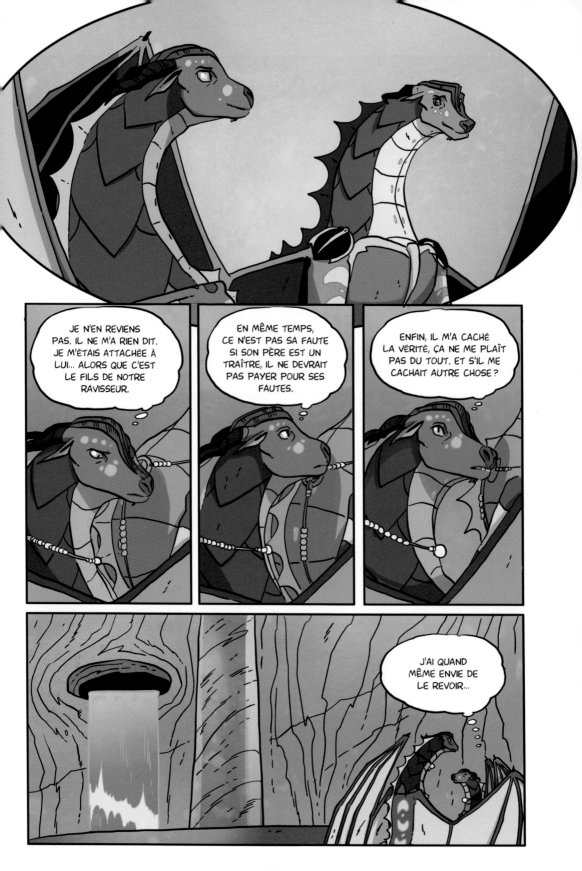

JE N'EN REVIENS PAS. IL NE M'A RIEN DIT. JE M'ÉTAIS ATTACHÉE À LUI... ALORS QUE C'EST LE FILS DE NOTRE RAVISSEUR.

EN MÊME TEMPS, CE N'EST PAS SA FAUTE SI SON PÈRE EST UN TRAÎTRE, IL NE DEVRAIT PAS PAYER POUR SES FAUTES.

ENFIN, IL M'A CACHÉ LA VÉRITÉ, ÇA NE ME PLAÎT PAS DU TOUT. ET S'IL ME CACHAIT AUTRE CHOSE ?

J'AI QUAND MÊME ENVIE DE LE REVOIR...

ON POURRAIT ÊTRE... VRAIMENT SEULES ?

AH, NON, JE NE ME SÉPARE JAMAIS D'ANÉMONE. J'AI ENFIN UNE FILLE EN VIE, JE VEUX LA GARDER.

EN ÉTANT CONSTAMMENT SUR MON DOS.

ET VOILÀ QUE J'AI DEUX FILLES ! PEUT-ÊTRE QUATRE D'ICI LA FIN DE LA SEMAINE SI TORTUE FAIT BIEN SON TRAVAIL.

ON DEVRAIT TE FABRIQUER UN HARNAIS AUSSI, MA CHÉRIE.

NON !
JE VEUX DIRE, C'EST BON. ÇA VA.

J'AI PRIS SOIN DE MOI JUSQU'À PRÉSENT. JE VOUS PROMETS DE RESTER EN VIE.

HUM, NOUS ALLONS Y RÉFLÉCHIR.

JE DOIS VOUS AVOUER UNE CHOSE... JE NE SAIS PAS PARLER SOUS L'EAU. PALM NE M'A JAMAIS APPRIS.

CE DRAGON NE TOURNE PAS ROND ! CE N'EST PAS GRAVE, CHÉRIE. JACUZZI TE DONNERA DES LEÇONS. C'EST UN EXCELLENT PROFESSEUR. N'EST-CE PAS, ANÉMONE ?

SÛREMENT.

ILS T'ONT APPRIS QUELQUE CHOSE, TOUT DE MÊME ?

BIEN SÛR ! ON A ÉTÉ ENTRAÎNÉS AU COMBAT.

HISTOIRE

PALM NOUS A ENSEIGNÉ L'HISTOIRE DE PYRRHIA.

ET LA GÉOGRAPHIE.

DUNE NOUS A APPRIS À CHASSER.

CRÉCERELLE ÉTAIT CENSÉE NOUS PARLER DES CLANS, MAIS ELLE SE CONTENTAIT DE HURLER EN CRACHANT DU FEU.

POURQUOI JE N'APPRENDS PAS TOUT ÇA, MÈRE ?

ÇA VIENDRA, MON CŒUR. QUAND JE T'ESTIMERAI PRÊTE.

TU ÉTUDIES QUOI ?

LE GRAND CONSEIL, LES RAPPORTS DE BATAILLES, LA GESTION DE LA NOURRITURE ET DU TRÉSOR. LES CONSEILLERS FONT TOUT ÇA.

IL EST CAPITAL DE SAVOIR CELA AFIN DE LES DIRIGER.

BREF, JE PASSE MON TEMPS À M'ENTRAÎNER AVEC JACUZZI.

À QUOI ? À PARLER AQUATIC ?

NE T'INQUIÈTE PAS, CHÉRIE, TU Y AURAS DROIT AUSSI.

LES SERRES DE LA PAIX T'ONT-ILS VRAIMENT MALTRAITÉE ?

OUI ! ON NE SORTAIT JAMAIS DE LA GROTTE.

ILS NOUS TRAITAIENT COMME DES MOLLUSQUES. PERSONNE NE M'ÉCOUTAIT.

ET ILS REFUSAIENT DE NOUS PARLER DE NOS FAMILLES.

MON PAUVRE, PAUVRE BÉBÉ !

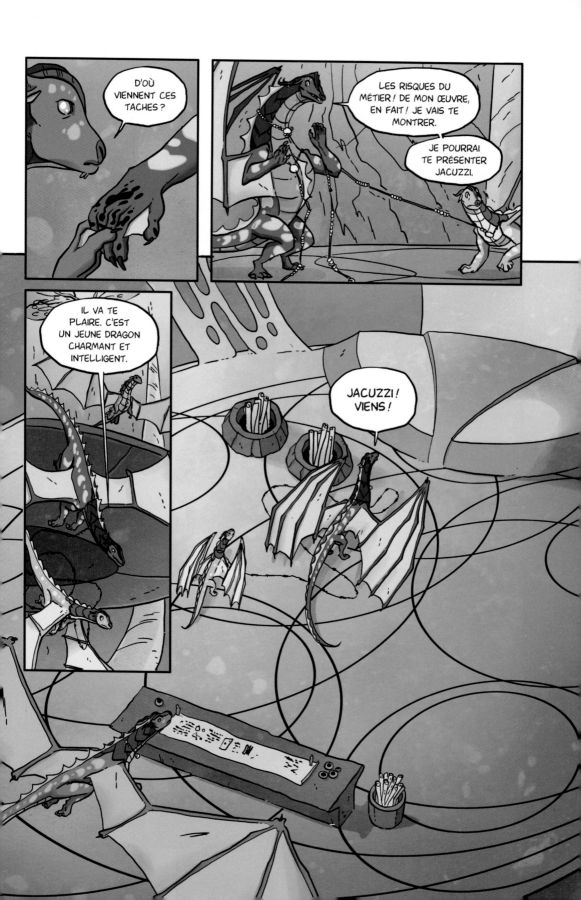

PALPITANT, N'EST-CE PAS?

IL RAFLERA TOUS LES PRIX LITTÉRAIRES DU ROYAUME.

OH, C'EST DE L'ENCRE!

OUI, MA CHÉRIE. UN MÉLANGE SPÉCIAL INDÉLÉBILE. L'IMMORTALITÉ VAUT BIEN QUELQUES TACHES SUR LES GRIFFES, NON?

C'EST JACUZZI QUI L'A INVENTÉ. IL EST TRÈS INTELLIGENT. ET BEAU EN PLUS, TU NE TROUVES PAS?

VOILÀ MES PRÉFÉRÉS, TU N'AS QU'À LES LIRE CE SOIR. DEMAIN, JE T'EN DONNERAI D'AUTRES.

TU VEUX QUE JE LISE TOUT ÇA CE SOIR?

COMMENCE PAR CELUI-LÀ.

LA PRINCESSE DISPARUE

JE L'AI LU! C'EST MON HISTOIRE PRÉFÉRÉE!

C'EST VRAI? JE L'AI ÉCRITE POUR TOI!

VOUS... VOUS AVEZ ÉCRIT *LA PRINCESSE DISPARUE* ?

AINSI QUE TOUS CEUX-LÀ. JACUZZI LES FAIT DISTRIBUER DANS TOUT LE ROYAUME DE LA MER.

IL FERA UN ROI PARFAIT, LE MOMENT VENU.

...

VOTRE MAJESTÉ!

OH, CE DOIT ÊTRE VOTRE FILLE FRAÎCHEMENT RÉAPPARUE.

POURQUOI ELLE ME FIXE COMME ÇA?

EXCUSEZ-MOI. OURSIN APPORTE UNE NOUVELLE SURPRENANTE. JE CROIS QUE VOUS DEVRIEZ L'ENTENDRE.

VOUS FAITES TOUJOURS AU MIEUX, MURÈNE.

J'AI ÉTÉ FORMÉE PAR LA MEILLEURE REINE DE TOUTE L'HISTOIRE DE PYRRHIA.

YEUX AU CIEL

YEUX AU CIEL

ON A TROUVÉ UN CADAVRE À QUELQUES ÎLES D'ICI.

BÂILLE...

OH, COMME C'EST TRISTE ! QU'EST-IL ARRIVÉ ?

NOUS L'IGNORONS ENCORE.

MAIS LE PLUS BIZARRE, C'EST QU'IL S'AGIT D'UNE AILE DU CIEL.

QUOI ? SI PRÈS DE MON PALAIS ?

APPELEZ REQUIN. J'Y VAIS SUR-LE-CHAMP !

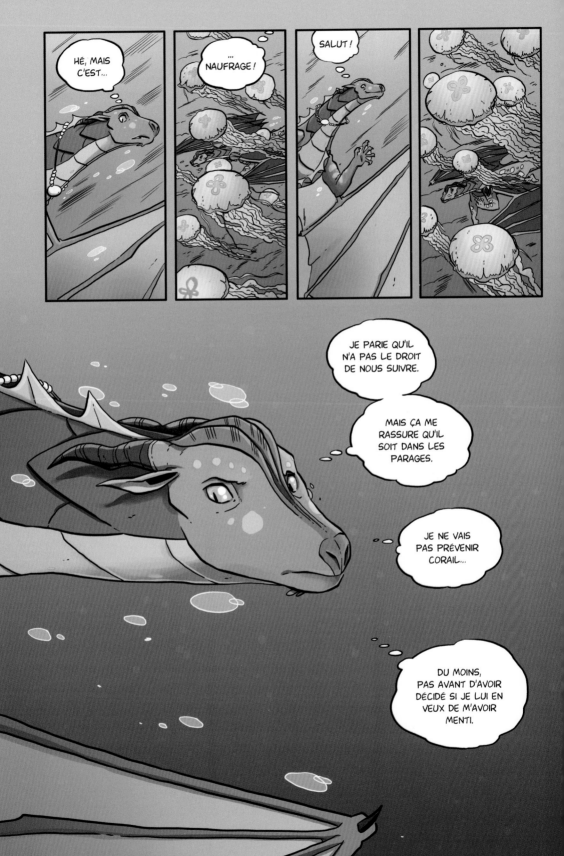

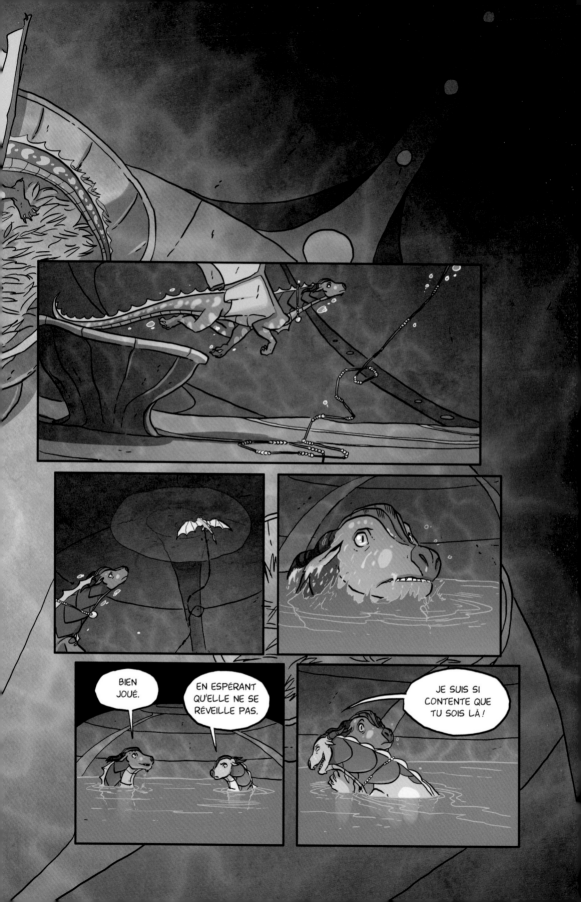

C'EST VRAI ?

ON EST POURTANT RIVALES POUR LE TRÔNE ! ELLE NE SE SENT PAS MENACÉE ?

ELLE VA PEUT-ÊTRE SE CALMER, MAINTENANT QU'ELLE T'A, TOI. JE DOIS ME LIBÉRER DE CE HARNAIS ! TSUNAMI, TU N'IMAGINES PAS COMME MA VIE EST AFFREUSE !

TOI ? UNE VIE AFFREUSE ?

IMAGINE LA MIENNE. DANS UNE GROTTE LOIN DE L'OCÉAN, DÉTESTÉE ET TRAITÉE COMME UN TÊTARD.

MÈRE ME TRAITE COMME UN TÊTARD !

MAIS TU AS... QUOI ? UN AN ? JE SUIS SÛRE QUE ÇA VA CHANGER.

ENFIN PRESQUE SÛRE.

À MOITIÉ SÛRE.

AU MOINS, TU AS DES AMIS.

MOUAIS, J'ÉTAIS COINCÉE AVEC CES QUATRE-LÀ. ILS N'ARRÊTENT PAS DE ME CONTREDIRE !

ILS ONT L'AIR SUPER SYMPA. J'AI TOUJOURS RÊVÉ D'AVOIR DES FRÈRES ET SŒURS.

TU N'AS PAS DE FRÈRES ?

SI, PLEIN ! MÈRE DIT QUE CE SONT DES BRUTES.

J'AI LE DROIT DE JOUER AVEC PERSONNE.

MÈRE N'A QU'UNE OBSESSION : TROUVER QUI TUE SES FILLES. ELLE SUSPECTE TOUT LE MONDE.

À PART MURÈNE, QUI EST PARFAITE... MENT RASOIR.

MES AMIS SONT PLUTÔT PAS MAL, QUAND ILS NE SE PLAIGNENT PAS.

MAIS ILS SE PLAIGNENT BEAUCOUP.

JE ME SUIS PLAINTE UNE FOIS. MÈRE A FAILLI ME METTRE UN BÂILLON ASSORTI AU HARNAIS !

AU MOINS, QUELQU'UN T'AIME !

ELLE T'AIME AUSSI.

J'ESPÈRE QUE TU AURAS JACUZZI. J'ÉTAIS SÛRE QU'ELLE ALLAIT NOUS MARIER. MAIS TU ES LÀ, MAINTENANT !

PAS QUESTION ! NON, NON ET NON !

PRIMO, JE N'AI PAS LE TEMPS DE ME MARIER. JE DOIS METTRE FIN À LA GUERRE ET SAUVER LE MONDE.

SECUNDO, JE PRÉFÈRE ME FAIRE DÉVORER LA QUEUE PAR DES TORTUES AFFAMÉES QUE DE L'ÉPOUSER.

ARF ARF ARF !

IL EST ATROCE, HEIN ?

« VOS PLUS PETITES MAJESTÉS ! »

HUUU

DE TOUTE FAÇON, CE N'EST PAS À MÈRE DE DÉCIDER.

TU CROIS ? ELLE DÉCIDE DE TOUT.

ON EST DES PRINCESSES, ON FAIT CE QU'ON VEUT.

C'EST PAS CE QUE J'AI VU !

CE SERAIT PLUTÔT : « ON EST DES PRINCESSES, ON SUIT LA TRADITION, BLABLABLA... ARGH, **TUEZ-MOI !** »

OH OH, ELLE SE RÉVEILLE.

VITE, UNE DERNIÈRE QUESTION : QU'EST-IL ARRIVÉ À ORCA ?

ELLE A DÉFIÉ MÈRE POUR
LE TRÔNE À SEPT ANS À PEINE.
PARAÎT-IL QUE C'ÉTAIT AFFREUX.
ELLE A FAILLI GAGNER, MAIS
FINALEMENT MÈRE L'A TUÉE.

C'EST ÉTRANGE.
MÈRE LA PLEURE
ET LA REGRETTE. MAIS
BEAUCOUP HAÏSSENT
ORCA.

NE PRONONCE
PAS SON NOM
DEVANT MURÈNE.

MURÈNE ?
ELLE A L'AIR...

GLUANTE ?
STUPIDE ? AUSSI
INTÉRESSANTE
QU'UNE LIMACE
DE MER ?

J'ALLAIS DIRE
BIZARRE !

ELLE M'A LANCÉ
UN REGARD ASSASSIN SANS
MÊME ME CONNAÎTRE.

ELLE
FAIT PAREIL
AVEC MOI.

ELLE S'IMAGINE
QUE JE VAIS DÉFIER
MÈRE DÈS QUE JE SERAI
ASSEZ GRANDE, COMME
ORCA. ET COMME
TU ES PLUS ÂGÉE
QUE MOI...

ICI, TOUT LE MONDE A L'AIR BIEN NOURRI ET HEUREUX, PAS COMME AU ROYAUME DU CIEL.

JE SAVAIS QUE MA MÈRE ÉTAIT UNE MEILLEURE REINE QUE SCARLET !

NOUS Y VOILÀ !

MÈRE ! VOUS M'ÉCRASEZ !

OH ! ASSIEDS-TOI LÀ, TSUNAMI.

TORTUE SURVEILLE LA NURSERY AU PALAIS DES PROFONDEURS, ELLE EST EXCUSÉE.

POURQUOI MÈRE A-T-ELLE TANT DE CONSEILLERS ? QUAND JE SERAI REINE, JE DÉCIDERAI TOUTE SEULE !

BONJOUR, VOTRE MAJESTÉ !

LA JOURNÉE D'HIER A ÉTÉ ÉPROUVANTE, MAIS J'ESPÈRE QUE VOUS AVEZ BIEN DORMI. JE ME SUIS INQUIÉTÉE TOUTE LA NUIT.

MERCI, CHÈRE MURÈNE.

SLURP !

OOOH !

AAAH !

ARGH !

JE PARDONNE À MA FILLE TOUT MANQUEMENT INVOLONTAIRE AU PROTOCOLE. ELLE A ÉTÉ ÉLEVÉE PAR DES BARBARES, DANS L'IGNORANCE DES BONNES MANIÈRES.

VOUS AVEZ LA PERMISSION DE MANGER.

JE SUIS INQUIET POUR NOTRE SÉCURITÉ. L'ARRIVÉE DE CES INTRUS NOUS MET EN DANGER.

ALLONS, CE NE SONT PAS DES INTRUS, MAIS NOS INVITÉS.

JUSTEMENT, JE ME DISAIS QU'ILS POURRAIENT VENIR POUR LE PETIT DÉJEUNER...

PAS AU GRAND CONSEIL, CHÉRIE.

MAIS ILS N'AURONT PAS FAIM. LAGUNE, VOUS LEUR AVEZ SERVI UN BON PETIT DÉJEUNER ?

OUI, VOTRE MAJESTÉ.

DONNEZ-LEUR AUSSI NOS RESTES.

JACUZZI, AU RAPPORT.

ANÉMONE PROGRESSE À MERVEILLE. QUANT À VOS PARCHEMINS, ILS N'ONT JAMAIS ÉTÉ AUSSI POPULAIRES.

SURTOUT LES ÉDITIONS SOUS-MARINES. JE DÉPLOIE TOUTE MON ÉNERGIE POUR LA PUBLICITÉ...

J'AI PRÉVU UNE NOUVELLE LECTURE PUBLIQUE. CETTE FOIS, LE PRIX D'ENTRÉE EST FIXÉ À UNE ÉMERAUDE.

JE VEUX AUSSI TOUCHER LES MASSES MANGEUSES D'ANGUILLES.

OUI, LES NOUVEAUX PROGRAMMES SCOLAIRES METTENT VOS ŒUVRES AU PREMIER PLAN.

VOUS PLAISANTEZ ? DEVANT LES TECHNIQUES DE GUERRE ?

CHÉRIE, MES ŒUVRES ABORDENT TOUS LES SUJETS. QU'AS-TU PENSÉ DES PARCHEMINS D'HIER ?

HUM...

LA PRINCESSE DISPARUE RESTE MON PRÉFÉRÉ.

HI HI HI ! HA HA HA !

TIENS, JUSTEMENT. JACUZZI, TSUNAMI A BESOIN DE LEÇONS D'AQUATIC. LA PAUVRE, ELLE NE L'A JAMAIS APPRIS...

REQUIN, POURSUIVEZ VOTRE RAPPORT.

TOUJOURS PAS D'INFORMATIONS AU SUJET DU CADAVRE D'AILE DU CIEL. UN BATAILLON EST RENTRÉ CE MATIN AVEC DES NOUVELLES INQUIÉTANTES.

FAITES-LES ENTRER.

TSS.

PLIC PLOC

ELLE S'INQUIÈTE POUR SON SOL ?

IL SE PASSE DES CHOSES ÉTRANGES AU ROYAUME DU CIEL, VOTRE MAJESTÉ.

C'EST LE CHAOS, PERSONNE NE SAIT PLUS QUI COMMANDE.

TROIS BATAILLONS NOUS ONT ATTAQUÉS.

IL Y AVAIT DES AILES DE SABLE DANS LE PREMIER.

LE DEUXIÈME DÉFENDAIT SA REINE.

MAIS LE TROISIÈME CRIAIT : « POUR RUBIS ! »

RUBIS ? C'EST UNE DES FILLES DE LA REINE SCARLET !

SCARLET SERAIT DONC MORTE ?

SI C'EST LE CHAOS AU ROYAUME DU CIEL, ON DOIT IMMÉDIATEMENT ENVOYER UNE MISSION DE SAUVETAGE.

IL FAUT SOIGNER LEURS BLESSURES.

TRÈS BIEN. QU'ON LES EMMÈNE À L'INFIRMERIE.

QU'A-T-IL BIEN PU SE PASSER ? SCARLET ÉTAIT SI FORTE.

EUH... C'EST PEUT-ÊTRE À CAUSE DE NOUS.

VOUS ?

RIDICULE !

LA REINE SCARLET NOUS RETENAIT PRISONNIERS. ET, EN S'ÉVADANT, IL SE POURRAIT BIEN QU'ON L'AIT TUÉE. JE NE SUIS PAS SÛRE.

MAIS ON A ESSAYÉ.

VOUS ÉTIEZ AU PALAIS DU CIEL ?

AS-TU VU UN AILE DE MER NOMMÉ BRANKIO ? GRAND, FORT, LES ÉCAILLES VERTES ET LE REGARD FIER ?

SCOUIC.

OÙ EST-IL ? NOUS PROJETONS UN SAUVETAGE, MAIS IL N'EST PAS DÉTENU AVEC LES AUTRES PRISONNIERS.

ET NOUS DEVONS LE RÉCUPÉRER, TSUNAMI. IL EST TRÈS PRÉCIEUX À NOS YEUX.

IL... IL EST MORT.

MORT ? COMMENT ?

HUM... DANS L'ARÈNE.

MAIS IL AVAIT REFUSÉ DE SE BATTRE. ET CONVAINCU SES ADVERSAIRES DE RÉSISTER AUSSI.

IL... IL A UN VRAI DON POUR LES DISCOURS.

SCARLET L'A PUNI. UN CHÂTIMENT TERRIBLE.

ELLE L'A PRIVÉ D'EAU JUSQU'À LE RENDRE FOU. IL EST DEVENU DANGEREUX.

POURQUOI ? QUI ÉTAIT-CE ? UN GRAND GÉNÉRAL ?

PLUS
QUE ÇA.

BIEN
PLUS.

C'ÉTAIT
MON MARI.

TSUNAMI...

BRANKIO
ÉTAIT TON
PÈRE.

TON PÈRE.

JE SUIS EN DEUIL. LE CONSEIL EST LEVÉ.

QUE SUIS-JE CENSÉE FAIRE MAINTENANT ?

JE NE PEUX PAS ALLER VOIR MES AMIS. JE NE SUPPORTERAI PAS D'ENTENDRE QUE JE SUIS UNE AFFREUSE DRAGONNE.

LE GENRE DE DRAGONNE CAPABLE DE TUER SON PROPRE PÈRE.

J'ESSAIE DE BIEN FAIRE, MAIS JE ME TROMPE TOUJOURS.

TAP TAP

C'EST L'HEURE DE LA LEÇON.

MAINTE-NANT ?

IL N'Y A PAS D'HEURE POUR S'INSTRUIRE !

QUELLE PLAIE ! MAIS ÇA ME CHANGERA LES IDÉES.

EXCELLENT !

COMMENT ÇA ?

NOUS VENONS DE RÉCITER LE DÉBUT DE LA PREMIÈRE ŒUVRE DE VOTRE MÈRE, *LA TRAGÉDIE D'ORCA*.

MAIS JE N'AI RIEN APPRIS !

LA PERFECTION NAÎT DE LA RÉPÉTITION. POURSUIVONS...

NON !

ENSEIGNEZ-MOI QUELQUE CHOSE D'UTILE. COMMENT SALUER LES ÉTRANGERS ? AVERTIR LES AUTRES D'UN DANGER ?

PAR LES TROIS LUNES, APPRENEZ-MOI AU MOINS À DIRE : « JE NE PARLE PAS AQUATIC ! »

LES PARCHEMINS DE LA REINE CONTIENNENT TOUS LES SAVOIRS.

IL FAUT QUE JE SORTE DE LÀ.

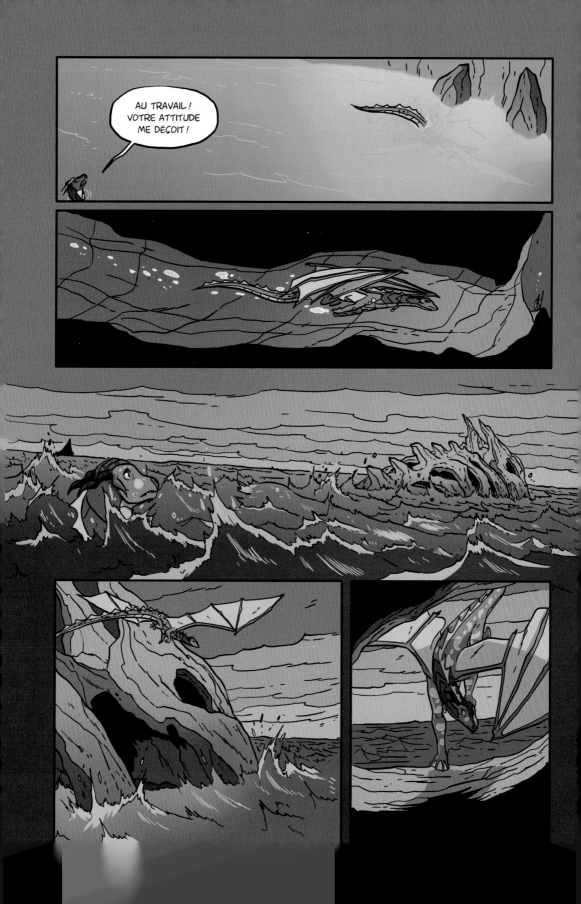

VOUS NE DEVIEZ PAS SURVEILLER LES ÎLES FRONTALIÈRES ?

SI, MAIS VOUS VOUS EN DOUTEZ, MA MISSION N'EST PAS CAPITALE.

SA MAJESTÉ NE ME CONFIERAIT JAMAIS QUELQUE CHOSE D'IMPORTANT.

VOUS SEMBLEZ BIEN OMBRAGEUX.

JE SUIS CENSÉE LUI EN VOULOIR. MON INSTINCT ME DICTE DE LUI CRIER DESSUS.

MAIS JE FERAIS PEUT-ÊTRE MIEUX D'ARRÊTER DE LE SUIVRE.

ENTREZ.

CORAIL M'A APPRIS QUE PALM ÉTAIT VOTRE PÈRE. POURQUOI N'AVOIR RIEN DIT ?

JE PRÉFÈRE ÉVITER. ENSUITE, LES GENS NE ME REGARDENT PLUS PAREIL.

JE SUIS DÉSOLÉ. J'AURAIS DÛ VOUS LE DIRE.

D'AILLEURS... J'AIMERAIS EN SAVOIR UN PEU PLUS SUR LUI.

C'EST POUR ÇA QUE VOUS M'AVEZ SUIVIE ?

OUI... ET PARCE QUE JE M'INQUIÉTAIS.

RARES SONT LES AILES DE MER AVEC UN TEL FRANC-PARLER.

JE PEUX DIRE CE QUE JE VEUX. JE SUIS LA PRINCESSE DISPARUE.

MÈRE M'AIME TELLEMENT QU'ELLE ME PASSERA UN HARNAIS SI JE NE FAIS PAS ATTENTION.

ARF ! J'AIMERAIS BIEN VOIR QUICONQUE ESSAYER !

IL COMPRENDRAIT VITE À QUEL POINT J'AI MON FRANC-PARLER.

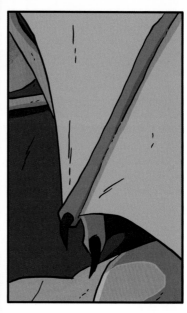

PALM N'ÉTAIT PAS SI MÉCHANT... MOINS PIRE QUE LES DEUX AUTRES, EN TOUT CAS. IL ESSAYAIT D'ÊTRE SYMPA, JE CROIS. NOTRE VIE AURAIT ÉTÉ ENCORE PLUS DURE SANS LUI.

C'EST BON, TU PEUX ME DIRE LA VÉRITÉ. JE VEUX AUSSI CONNAÎTRE SES DÉFAUTS.

C'ÉTAIT LE SEUL QUI TENAIT À NOUS. IL AURAIT DÛ SE BATTRE POUR NOUS, CE QU'IL N'A JAMAIS FAIT, SAUF À LA FIN.

MOI, AU MOINS, JE ME BATS POUR MES AMIS, MÊME SI JE M'Y PRENDS MAL.

FAIBLE ET LÂCHE, C'EST AINSI QU'ON ME L'A TOUJOURS DÉCRIT.

TU N'ES PAS FORCÉMENT COMME LUI.

CE N'EST PAS JUSTE DE TE PUNIR POUR CE QU'IL A FAIT.

LA FUTURE REINE DES AILES DE MER NE DOIT PAS SE COMPORTER COMME ÇA.

JE M'EN MOQUE, JE VEUX DÉCIDER DE MA VIE.

ALORS, COMMENT VA LA NOUVELLE PRINCESSE ?

JE ME REMETS D'UN COURS D'AQUATIC AVEC JACUZZI.

OH, JACUZZI. L'INSTRUMENT DE TORTURE FAVORI DE LA REINE CORAIL.

TU VOUDRAIS UN VRAI COURS D'AQUATIC ?

JE L'EXIGE !

VOILÀ CE QUE TU DIRAS À JACUZZI LA PROCHAINE FOIS QUE TU LE VERRAS.

FLASH

OH OH ! JE VIENS DE LE TRAITER DE QUOI ?

FLASH

DE MOLLUSQUE SANS CERVELLE. MA NOUVELLE INSULTE FAVORITE.

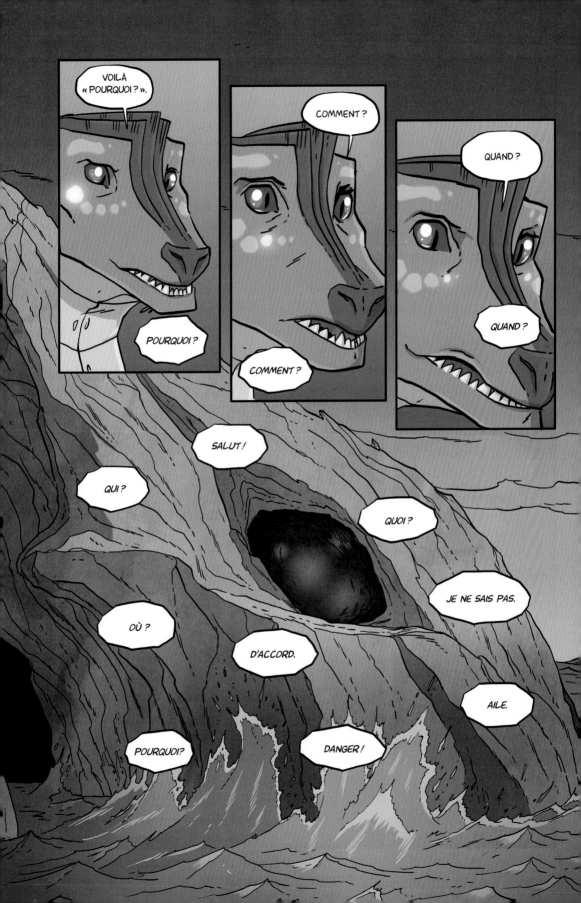

FLASH FLASH

MAIS LE PLUS IMPORTANT À SAVOIR, C'EST ÇA.

ÇA VEUT DIRE QUOI ?

« JE VAIS TE PROTÉGER. »

JE N'AI PAS BESOIN DE PROTECTION.

JE SAIS. MAIS, TE CONNAISSANT, TU AURAS BESOIN DE LE DIRE UN JOUR.

AU FAIT, QUE SIGNIFIE CE GESTE ?

ÇA ? « PAS MAINTENANT, ON TERMINERA PLUS TARD. »

TU ES SÛR ?

POURQUOI ? QUI... ?

REQUIN À SES GARDES QUAND JE L'AI EMPÊCHÉ DE TUER MES AMIS !

IL LEUR DISAIT « ON LES TUERA PLUS TARD » ?

PEUT-ÊTRE... MAIS SI LA REINE CORAIL N'A PAS...

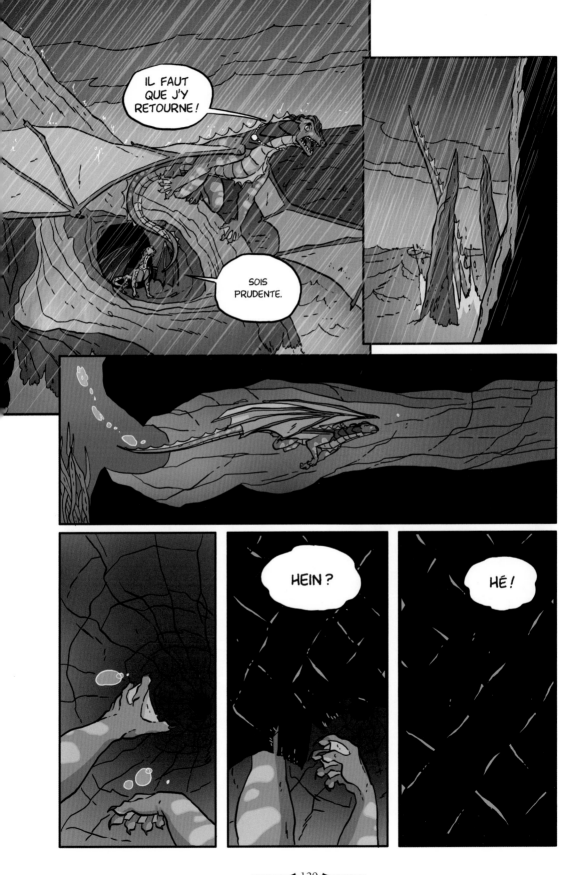

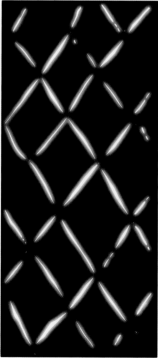

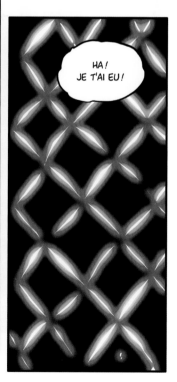

QUOI? QUELS ŒUFS?

DEUX ŒUFS DOIVENT ÉCLORE BIENTÔT DANS LA NURSERY ROYALE.

MAIS SI MON AGRESSEUR EST DANS LE COIN, ON FERAIT MIEUX DE LE CHERCHER, NON?

MURÈNE! JACUZZI! VITE!

ET TORTUE, MÈRE?

QUI?

LA RESPONSABLE DE LA NURSERY.

LES AUTRES ONT TOUS ÉCHOUÉ, ET TORTUE FERA SANS DOUTE DE MÊME.

VOTRE MAJESTÉ?

FILONS AU PALAIS DES PROFONDEURS. MES ŒUFS SONT EN DANGER.

CE SONT LES DERNIERS QUE BRANKIO M'A LAISSÉS, JE NE VEUX PRENDRE AUCUN RISQUE.

RESTE BIEN PRÈS DE MOI, ON VA TE COMMANDER UN HARNAIS EN URGENCE.

JE SAIS ME DÉFENDRE!

OÙ EST REQUIN?

JE L'AI ENVOYÉ LÀ-BAS CE MATIN.

NAUFRAGE ME SUIT SÛREMENT.

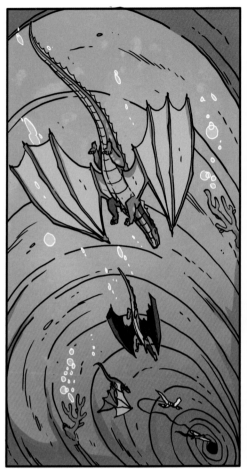

NURSERY ROYALE

GROOOAAARR!

AHHHH!

QUI PEUT FAIRE ÇA À UN BÉBÉ?

À MA SŒUR!

JE COMPRENDS MIEUX POURQUOI CORAIL NOUS COUVE AUTANT.

PERSONNE NE FERA DE MAL À ANÉMONE TANT QUE JE SERAI DANS LES PARAGES.

ET JE FERAI
TOUT POUR TE
PROTÉGER
AUSSI.

FLASH
FLASH

JE VAIS PROTÉGER.

COMMENT ?

JE VAIS PROTÉGER.

MAIS J'ESPÈRE QUE JE NE FINIRAI PAS AINSI.

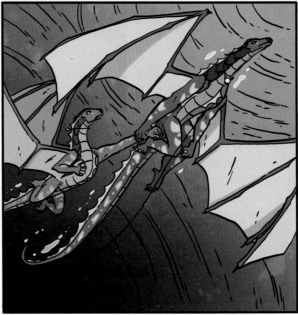

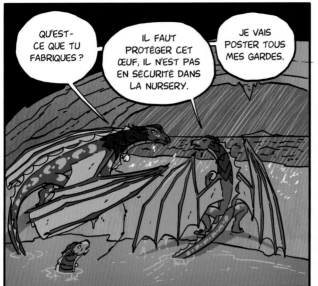

QU'EST-CE QUE TU FABRIQUES ?

IL FAUT PROTÉGER CET ŒUF, IL N'EST PAS EN SÉCURITÉ DANS LA NURSERY.

JE VAIS POSTER TOUS MES GARDES.

LES GARDES DIRIGÉS PAR REQUIN ? EN MOURANT, TORTUE L'A ACCUSÉ !

MON PROPRE FRÈRE ? IL N'OSERAIT PAS !

TORTUE A DIT QUE REQUIN L'AVAIT AUTORISÉE À QUITTER SON POSTE POUR PRENDRE UNE PAUSE.

L'IMBÉCILE ! IL EST TROP INDULGENT !

TORTUE N'A PAS SENTI LE DANGER. ELLE ÉTAIT JUSTE À CÔTÉ.

MES GARDES SERONT PLUS VIGILANTS.

ONT-ILS JAMAIS ÉTÉ EFFICACES ?

COMMENT AVEZ-VOUS FAIT POUR ANÉMONE ?

J'AI DORMI DEVANT SON ŒUF UNE ANNÉE ENTIÈRE.

C'EST VRAI ?

JE N'AI PRESQUE PAS QUITTÉ LA NURSERY. J'AI LAISSÉ BRANKIO MENER LA GUERRE, ET... JE L'AI PERDU.

L'ASSASSIN AGIT QUAND LES GARDES SONT À L'EXTÉRIEUR DE LA NURSERY.

IL DOIT Y AVOIR UN TUNNEL SECRET QUI Y MÈNE.

LA NURSERY ROYALE N'EST PAS SÛRE. IL FAUT DÉPLACER L'ŒUF.

IMPOSSIBLE. IL DOIT RESTER AU CHAUD, SURTOUT JUSTE AVANT D'ÉCLORE.

DE LA CHALEUR ?

ALORS JE LE RAMÈNE AU PALAIS D'ÉTÉ.

PAS PAR CE TEMPS ! IL EST INONDÉ EN CAS DE TEMPÊTE.

INONDÉ ? C'EST LÀ QUE SONT MES AMIS !

OH... JE SUIS SÛRE QUE ÇA IRA. ILS SAVENT NAGER, NON ?

PAS AUSSI BIEN QUE NOUS !

JE RETOURNE LES VOIR.

AVEC MON ŒUF ?

COMMENT VAS-TU RETOURNER AU PALAIS D'ÉTÉ ? TU NE CONNAIS PAS LE CHEMIN.

JE LE TROUVERAI.

POURVU QUE NAUFRAGE SOIT ENCORE LÀ.

VOUS N'AVEZ PERSONNE D'AUTRE, ALORS FAITES-MOI CONFIANCE.

S'IL LUI ARRIVE QUOI QUE CE SOIT... JE PERDRAI DEUX FILLES LE MÊME JOUR.

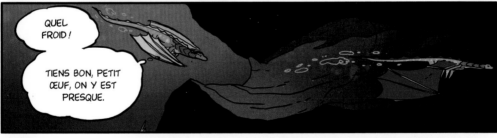

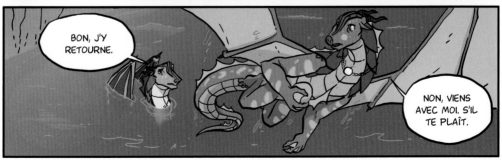

COUCOU !

POURVU QU'ILS SOIENT LÀ !

TSUNAMI ?

TIENS, LA PRINCESSE A SOUDAIN UNE MINUTE À NOUS ACCORDER ?

JE SAVAIS BIEN QUE TU ALLAIS VENIR. À VRAI DIRE, JE T'ATTENDAIS PLUTÔT HIER, OU QUAND LA TEMPÊTE S'EST LEVÉE. MAIS J'ÉTAIS SÛRE QUE TU FINIRAIS PAR ARRIVER. ENFIN, PRESQUE SÛRE, QUOI.

POURQUOI VOUS N'ÊTES PAS ALLÉS DANS UNE AUTRE GROTTE ? CELLE-CI VA BIENTÔT ÊTRE SUBMERGÉE.

ON NE POUVAIT PAS. ON N'ALLAIT PAS ABANDONNER ARGIL.

ON A ESSAYÉ DE LES FAIRE FONDRE, MAIS ÇA N'A PAS MARCHÉ.

ARGIL AURAIT PU SE NOYER ! MÈRE M'A MENTI !

À MOINS QUE CE SOIT REQUIN. JE VAIS L'ÉGORGER !

SUNNY, JE VEUX QUE TU GARDES CET ŒUF BIEN AU CHAUD.

MOI ? TU ME CONFIES UNE MISSION AUSSI IMPORTANTE ?

TRÈS IMPORTANTE. C'EST MA PETITE SŒUR. ET QUELQU'UN VEUT SA MORT. ALORS ON VA LA PROTÉGER.

MAIS REQUIN VA ÊTRE FURIEUX.

JE PEUX LEUR RÉGLER LEUR COMPTE. UN COUP DE GRIFFES À CELUI-CI...

QU'EST-CE QUI ME PREND ? ATTAQUER DES DRAGONS QUI SONT JUSTE EN TRAVERS DE MON CHEMIN ? ET SI MES AMIS AVAIENT RAISON ?

CES GARDES ONT PEUR DE MOI, DE MÈRE, DE REQUIN. JE NE VEUX PAS LES TERRORISER DAVANTAGE.

LA PROPHÉTIE PARLE-T-ELLE DE DEUX MOLLUSQUES SANS CERVELLE QUI LAISSENT L'AILE DE BOUE SE NOYER AVANT QU'IL SAUVE LE MONDE ? VOUS VOULEZ VRAIMENT GÂCHER NOTRE SEUL ESPOIR DE PAIX ?

IL DOIT Y AVOIR UN AUTRE MOYEN.

NON ! IL FAUT QUE LA GUERRE CESSE.

VOUS AVEZ SAUVÉ MON FRÈRE AUJOURD'HUI, EN DEMANDANT À CE QU'ON LE SOIGNE.

NOUS VOUDRIONS VOUS AIDER, MAIS C'EST TROP DANGEREUX DE SOUTENIR UNE NOUVELLE REINE...

ELLE NE PEUT PAS ÊTRE NOTRE NOUVELLE REINE. ELLE FAIT PARTIE DES DRAGONNETS DU DESTIN.

SI VOUS ÊTES VRAIMENT LES DRAGONNETS DU DESTIN, COMMENT ALLEZ-VOUS STOPPER LA GUERRE ?

NOM DU SUSPECT : CORAIL
PROFESSION : REINE
SIGNES DISTINCTIFS : COLLIERS DE
PERLES, DRAGONNETTE EN LAISSE

LES MEURTRES ONT COMMENCÉ
APRÈS LE DUEL CONTRE SA FILLE
AÎNÉE. ELLE A COMPRIS QUE SI ELLE
EN AVAIT D'AUTRES, SA VIE
SERAIT EN DANGER.

SANS FILLE
ET SANS SŒUR,
PERSONNE NE RISQUE
DE LA DÉFIER POUR
LE TRÔNE.

MAIS ELLE
ADORE SES FILLES !
ELLE EST SI
PROTECTRICE !

OUAIS, POUR
SE DONNER L'AIR
INNOCENT.

COMMENT
POURRAIT-ELLE
ATTAQUER QUICONQUE
AVEC ANÉMONE AU BOUT
DE SA LAISSE ?

NOM DU SUSPECT : REQUIN
PROFESSION : CONSEILLER À LA GUERRE
ET À LA DÉFENSE
SIGNES DISTINCTIFS : CORNES INCURVÉES,
REGARD FIXE ET MAUVAIS. A ESSAYÉ DE
NOUS TUER

NOM DU SUSPECT : MURÈNE
PROFESSION : CONSEILLÈRE EN
COMMUNICATION
SIGNES DISTINCTIFS : GLUANTE, STUPIDE,
AUSSI INTÉRESSANTE QU'UNE LIMACE DE
MER

MOI,
JE PENCHE POUR
REQUIN. TORTUE
L'A MONTRÉ DE LA
GRIFFE AVANT DE
MOURIR.

IL ÉTAIT
AU PALAIS DES
PROFONDEURS. IL A
PU LA DISTRAIRE,
PUIS PÉNÉTRER DANS
LA NURSERY PAR UN
PASSAGE SECRET.

MAIS QUEL SERAIT
SON MOBILE ? C'EST
LE FRÈRE DE LA REINE
ET IL A UNE FILLE,
NON ?

OUI,
MURÈNE.

J'IGNORE CE QUI SE
PASSE QUAND UNE REINE
MEURT SANS HÉRITIÈRE.
LE TRÔNE POURRAIT
REVENIR À SA NIÈCE,
NON ?

SI MURÈNE
EST UNE POSSIBLE
HÉRITIÈRE DU TRÔNE,
ELLE A PEUT-ÊTRE TUÉ
LES DRAGONNETTES.

SEULES LES
SŒURS ET LES FILLES
PEUVENT DÉFIER LA REINE.
MURÈNE N'ACCÉDERAIT
AU TRÔNE QU'AU CAS OÙ
CORAIL MOURRAIT DE MORT
NATURELLE, SANS LAISSER
D'HÉRITIÈRE.

ELLE
ME DÉTESTE
ET ANÉMONE
AUSSI... ALORS
QU'ELLE ADULE
NOTRE MÈRE.

NOM DU SUSPECT : JACUZZI
PROFESSION : CONSEILLER EN MAGIE ET EN ÉDITION
SIGNES DISTINCTIFS : ANNEAU À L'OREILLE, TACHES NOIRES SUR LES SERRES, A LA GROSSE TÊTE

NOM DU SUSPECT : FIÈVRE
PROFESSION : PRÉTENDANTE AU TRÔNE DES AILES DE SABLE
SIGNES DISTINCTIFS : LA PLUS INTELLIGENTE DES TROIS SŒURS, SANS DOUTE MACHIAVÉLIQUE

JACUZZI RESSEMBLE AU CRAPAUD VENIMEUX CAPABLE DE TUER UN BÉBÉ DRAGON.

POURQUOI FERAIT-IL ÇA ?

S'IL VEUT DEVENIR ROI, IL DOIT ÉPOUSER LA CHAMPIONNE DU DUEL.

POUARC POUARC POUARC ! NON. NON. ET RE-NON.

C'EST PEUT-ÊTRE FIÈVRE.

QUOI ? POURQUOI ? CORAIL EST SON ALLIÉE.

ET ELLE N'A PAS PU TUER LES ŒUFS. ELLE NE RESPIRE PAS SOUS L'EAU.

ELLE A PEUT-ÊTRE UN COMPLICE.

ON NE L'A MÊME PAS ENCORE RENCONTRÉE. CE N'EST PEUT-ÊTRE PAS SON GENRE.

JE N'AI AUCUNE CONFIANCE EN ELLE.

TSUNAMI, TU N'ES PAS EN SÉCURITÉ. ON FERAIT MIEUX DE PARTIR.

EN TOUT CAS, NOUS, OUI. TU PEUX RESTER, TSUNAMI, SI TU Y TIENS VRAIMENT.

NON ! JE NE LAISSE PAS CET ŒUF.

ET ON NE PEUT PAS SE SÉPARER. ON DOIT ACCOMPLIR LA PROPHÉTIE ENSEMBLE.

JE SUIS D'ACCORD. ON DOIT RENCONTRER FIÈVRE. C'EST POUR ÇA QU'ON EST VENUS, À LA BASE.

BON, ALORS, ON PASSE TOUS LA NUIT ICI. ON VEILLERA LES UNS SUR LES AUTRES.

LES TROIS LUNES SOIENT REMERCIÉES.

TRÈS BIEN. COMME ÇA, JE PEUX AIDER À PROTÉGER L'ŒUF.

OUAIS !

C'EST DUR DE S'INTÉGRER CHEZ LES AILES DE MER.

MÈRE N'EST PAS DU TOUT COMME LA REINE DE *LA PRINCESSE DISPARUE*.

ELLE ÉTAIT CONTENTE DE ME VOIR, MAIS ELLE ME FAIT UN PEU PEUR...

LÀ, JE ME SENS BIEN...

ZZZZZZZZZ

ZUT, J'AI OUBLIÉ DE LEUR PARLER DE CRÉCERELLE...

OÙ SONT-ILS PASSÉS ? OÙ SONT LES DRAGONNETS ? OÙ EST MON ŒUF ?

LÀ-HAUT. DANS **MA** GROTTE.

OH, BONJOUR ! ENCHANTÉE, JE SUIS LA REINE FIÈVRE.

VOUS VOUS ABRITEZ DE LA TEMPÊTE, J'IMAGINE. ASTUCIEUX.

RÉVEILLEZ-VOUS, LES GARS.

OÙ EST MON ŒUF ?

FLAP FLAP FLAP

À L'ABRI, BIEN AU CHAUD, COMME PROMIS.

MON ŒUF EST ENTRE LES PATTES D'UNE AILE DE SABLE !

CORAIL, IL S'AGIT DES DRAGONNETS DU DESTIN. À QUI CONFIER NOTRE AVENIR SI CE N'EST À EUX ?

REINE FIÈVRE, MON AMIE ! JE SAVAIS QUE VOUS VIENDRIEZ IMMÉDIATEMENT EN APPRENANT QUE NOUS AVIONS LES DRAGONNETS.

ABSOLUMENT ! ILS ONT L'AIR ADORABLES ET SI INTELLIGENTS ! J'AI HÂTE DE FAIRE LEUR CONNAISSANCE. PRENONS LE PETIT DÉJEUNER TOUS ENSEMBLE !

ET DEVINEZ **QUI** A ORDONNÉ D'ENCHAÎNER ARGIL ? LE COMMANDANT **REQUIN** ! UNE **HONTE**, N'EST-CE PAS ?

BIEN SÛR.

IMAGINEZ LE DÉSARROI DE CES GARDES, ÉCARTELÉS ENTRE LEUR COMMANDANT ET LEUR REINE ! NATURELLEMENT, ILS VOUS ONT OBÉI.

C'EST POURQUOI ILS M'ONT DONNÉ LA CLÉ DES CHAÎNES D'ARGIL. ILS ONT COMPRIS QUE Ç'AURAIT ÉTÉ VOTRE SOUHAIT.

SI J'AI BIEN COMPRIS, CES GARDES SONT DES HÉROS.

QUANT À REQUIN...

AU CACHOT ÉGALEMENT !

ELLE LE FERA SÛREMENT SORTIR DÈS QUE POSSIBLE, MAIS AU MOINS, ON SERA PLUS EN SÉCURITÉ PENDANT QUELQUE TEMPS.

QUE DE REBONDISSEMENTS ! SI CETTE TRAGÉDIE MATINALE EST TERMINÉE, J'AIMERAIS DISCUTER DE LA PROPHÉTIE, MERVEILLEUX DRAGONNETS.

J'AI APPRIS QUE TU N'ÉTAIS PAS UNE AILE DU CIEL, GLORIA, MAIS ÇA NE ME DÉRANGE PAS. ON SURESTIME CES DRAGONS, TU NE TROUVES PAS ?

VOUS AVEZ APPRIS ? COMMENT ÇA ?

HUM, DISONS JUSTE QUE J'AI DES AMIS. DES AMIS AILES DE NUIT.

J'AI BEAUCOUP ENTENDU PARLER DE TOI.

QUANT À TOI, TU DOIS ÊTRE LE COSTAUD DE LA BANDE.

ET TOI...

ADORABLE !

VOUS AVEZ DÛ ENTENDRE DES RUMEURS À MON SUJET. MAIS ON NE PEUT PAS SE FIER À LA PROPAGANDE.

ALORS, DEMANDEZ-MOI CE QUE VOUS VOULEZ. JE SERAI RAVIE DE VOUS AIDER À PRENDRE VOTRE DÉCISION.

ÉVIDEMMENT.

JE SUPPOSE QUE VOUS AVEZ UN PLAN POUR ACCOMPLIR CETTE PROPHÉTIE, NON ?

ON... ON Y TRAVAILLE.

MAIS NOUS PENSONS À VOUS. JE VEUX DIRE... EUH... VOUS FERIEZ UNE TRÈS BONNE...

COMÈTE, TU NE PEUX PAS PARLER EN NOTRE NOM À TOUS.

QUI LE PEUT, ALORS ?

CHACUN PARLE EN SON NOM PROPRE.

OUAIS !

ET NOUS N'AVONS ENCORE RIEN DÉCIDÉ.

JEDISAISJUSTEQU'ELLESERAITPASMAL.

TU AS RAISON, AILE DE NUIT. FIÈVRE EST UNE EXCELLENTE REINE.

AU FAIT... C'EST TRÈS ÉTRANGE. NOUS AVONS TROUVÉ UN CADAVRE D'AILE DU CIEL SUR NOTRE TERRITOIRE.

OUPS. J'AURAIS DÛ LEUR PARLER DE CRÉCERELLE.

AH OUI ? C'EST PLUTÔT UNE BONNE NOUVELLE.

BIZARREMENT, ELLE A ÉTÉ POIGNARDÉE PAR UN DARD VENIMEUX D'AILE DE SABLE.

AH, OUI ? JE NE SAVAIS PAS.

ÇA PROUVE AU MOINS QU'ON NE L'A PAS TUÉE.

MAIS ALORS QUI ?

TRÈS SURPRENANT, EN EFFET.

JE ME DEMANDE QUI ELLE ÉTAIT. ELLE AVAIT DES CICATRICES DE BRÛLURE...

OH, NON !

CE DOIT ÊTRE CRÉCERELLE. TU NE CROIS PAS, TSUNAMI ?

TSUNAMI, AURAIS-TU QUELQUE CHOSE À NOUS DIRE ?

SNIF !

OUI, DÉSOLÉE. JE L'AI VUE. C'ÉTAIT BIEN ELLE.

ÇA SEMBLE TOUCHER VOTRE AILE DE SABLE.

CRÉCERELLE NOUS A ÉLEVÉS.

ELLE NE MÉRITE PAS TON CHAGRIN, SUNNY.

QUE JE COMPRENNE... TU L'AVAIS RECONNUE, ET TU NE ME L'AS PAS DIT ?

JE VOULAIS D'ABORD PRÉVENIR MES AMIS. CRÉCERELLE N'ÉTAIT PAS TOP, MAIS ELLE NOUS A SERVI DE MÈRE.

PARDONNE-LUI, CORAIL. C'EST BOULEVERSANT DE VOIR LE CADAVRE D'UN DRAGON QU'ON A CONNU.

SURTOUT QUAND ON A SOUVENT EU ENVIE DE LUI TRANCHER LA GORGE, N'EST-CE PAS, TSUNAMI ?

COMMENT FIÈVRE SAIT-ELLE QUE CRÉCERELLE A EU LA GORGE TRANCHÉE ?

ATTENDS. RÉFLÉCHIS AVANT D'OUVRIR LA BOUCHE.

PRENDS EXEMPLE SUR COMÈTE.

TAP TAP

ALORS, OÙ EN EST NOTRE ARME SECRÈTE ?

ÇA AVANCE !

TIENS, SI ON VOUS MONTRAIT ? JACUZZI !

VOYEZ SI VOUS POUVEZ REMETTRE LE COLLIER AU COU DE VOTRE MÈRE...

QUOI ? IL PARLE À ANÉMONE ? C'EST UNE ARME, ÇA ?

ÇA NE SERT À RIEN.

S'ENTRAÎNER SERT TOUJOURS.

JE NE VEUX PAS FINIR COMME ALBATROS.

IL A FAIT POUSSER CE PAVILLON ENTIER AVANT DE PERDRE L'ESPRIT. ALLEZ, LE COLLIER !

PAR LES TROIS LUNES ! ANÉMONE, TU ES UNE ANIMUS !

JE SAIS.

NOUS EN AVONS EU PLUSIEURS JADIS DANS LA FAMILLE ROYALE. ANÉMONE EST NÉE JUSTE À TEMPS POUR NOUS AIDER À REMPORTER LA GUERRE.

CHUT.

POURQUOI ? IL EST ÉVIDENT QU'UN ANIMUS PEUT NOUS ÊTRE FORT UTILE.

OUI, REGARDEZ ! ANÉMONE, ATTRAPEZ ÇA AVEC UNE LANCE.

IMPRESSIONNANT ! MAIS PAS PLUS QUE LA DERNIÈRE FOIS. ET AVEC DE PLUS GROS OBJETS ? DOIT-ELLE S'ENTRAÎNER ENCORE LONGTEMPS ?

ELLE EST PRESQUE PRÊTE.

DES ANNÉES. BEAUCOUP.

CORAIL...

DISCUTONS EN PRIVÉ.

TSUNAMI, ANÉMONE, RESTEZ LÀ.

OH, NON !
J'AI PERDU LE
CONTRÔLE DE
LA LANCE.

MINCE.
ATTENTION,
JACUZZI !
OUPS...

TU AS FAIT
EXPRÈS ?

OUI, IL VA
METTRE UN PETIT
BOUT DE TEMPS À
RETROUVER LA
LANCE.

VOILÀ
DE QUOI TU DOIS
ME PROTÉGER.

DES COURS
ENNUYEUX DE
JACUZZI ?

NON !

BIEN SÛR.

RATE PARFOIS TON COUP, FAIS-LEUR CROIRE QUE TU N'ES PAS PRÊTE.

RATER EXPRÈS ? BONNE IDÉE !

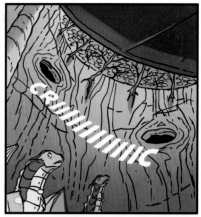

CRIIIIIIIIIC

IL Y A QUELQUE CHOSE LÀ-HAUT. QUELQUE CHOSE DE GROS.

J'APPELLE LES GARDES.

NON. QUI QUE CE SOIT, ON VEUT L'ATTRAPER, PAS LE FAIRE FUIR.

CRRAC

UN ESPION !

PALM ?

OH, C'EST JUSTE UN AILE DE MER.

PAS N'IMPORTE LEQUEL. LE PLUS GRAND TRAÎTRE DE NOTRE CLAN.

VOTRE MAJESTÉ, JE VOUS EN PRIE. JE SUIS VENU DEMANDER GRÂCE.

APRÈS CE QUE TU AS FAIT ?

GRÂCE REJETÉE.

CRAC !

MÈRE ! NE LE... IL... IL A PEUT-ÊTRE DES INFOS...

TU VEUX L'ÉPARGNER APRÈS TOUT CE QU'IL T'A FAIT ?

JE...

IL POURRA NOUS DIRE COMMENT IL S'EST INTRODUIT DANS LA NURSERY ROYALE. QUELLE FUTÉE, CETTE TSUNAMI. ELLE DOIT TENIR DE TOI.

TRÈS BIEN. INTERROGEONS-LE.

MES AMIS ONT LE DROIT DE LE VOIR. C'ÉTAIT LEUR GARDIEN AUSSI.

SI C'EST LE SOUHAIT DE SES AMIS, COMMENT REFUSER ? RETOURNONS À MA GROTTE.

S'IL LE FAUT.

MAIS LES AILES DU CIEL... JE VOUS CROYAIS MORTS ! COMMENT... ?

ON S'EST ÉCHAPPÉS.

PAS GRÂCE AUX SERRES DE LA PAIX.

C'ÉTAIT FOU. SI VOUS AVIEZ VU ÇA...

ON VOUS RACONTERA UNE AUTRE FOIS.

JE TE PENSAIS TROP LÂCHE POUR REVENIR ICI.

JE NE SUIS PAS DIGNE DE VOTRE PITIÉ, VOTRE MAJESTÉ, MAIS...

POURQUOI M'AS-TU VOLÉ UN ŒUF ? À MOI, DE TOUTES LES DRAGONNES DE MER !

IL ÉTAIT SI BLEU... C'ÉTAIT FORCÉMENT CELUI DE LA PROPHÉTIE.

JE NE VOUS AURAIS JAMAIS TRAHIE... À PART POUR LA PAIX.

COMMENT T'ES-TU INTRODUIT DANS LA NURSERY ? J'AVAIS POSTÉ DES GARDES PARTOUT...

JE LES AI DROGUÉS. QUELQU'UN M'A AIDÉ. CE N'ÉTAIT PAS LEUR FAUTE.

JE LES AI TUÉS QUAND MÊME.

ET CE COMPLICE ? TA FEMME, JE SUPPOSE ?

BIEN ENTENDU, C'EST POUR ÇA QU'ELLE A ÉTÉ ENVOYÉE AU FRONT PEU APRÈS. MANQUE DE CHANCE, SA PREMIÈRE BATAILLE A ÉTÉ UN VRAI BAIN DE SANG.

SNIF !

JE SUIS RASSURÉ SUR LE SORT DES DRAGONNETS, VOUS POUVEZ FAIRE CE QUE VOUS VOULEZ DE MOI.

JE NE VAIS PAS ME GÊNER. D'ABORD, DIS-MOI OÙ SONT LES SERRES DE LA PAIX.

POURQUOI ?

POUR ME VENGER, MA CHÉRIE.

VOUS N'AVEZ RIEN DE MIEUX À FAIRE ? D'ACCORD, ILS SONT NULS MAIS ILS VEULENT JUSTE METTRE FIN À LA GUERRE. N'EST-CE PAS CE QUE TOUT LE MONDE DÉSIRE ?

NOUS N'ESSAYONS PAS DE METTRE FIN À LA GUERRE, MAIS DE LA GAGNER.

J'ESPÈRE QUE TU VOIS LA DIFFÉRENCE.

TUER LES SERRES DE LA PAIX NE VOUS AVANCERA À RIEN.

ET ILS ONT SANS DOUTE SAUVÉ LA VIE DE TSUNAMI.

QUOI ?

EH BIEN, PALM A PRIS SON ŒUF AVANT QUE L'ASSASSIN PUISSE LA TUER. DU COUP, PALM... ET LES SERRES DE LA PAIX LUI ONT SAUVÉ LA VIE. PAS VRAI ?

NON, ILS M'ONT GÂCHÉ LA VIE. C'EST UNE CERTITUDE. ILS N'ONT PAS PU ME SAUVER.

OU ALORS, SANS LE VOULOIR...

L'ENFANCE DE MES RÊVES, AVEC MA MÈRE, PARMI LES MIENS, CE NE SERAIT JAMAIS ARRIVÉ. JE SERAIS MORTE DANS L'ŒUF. COMME MA PETITE SŒUR...

VOTRE MAJESTÉ ! NOUS AVONS TROUVÉ UN DRAGON SUSPECT QUI RÔDAIT DEHORS. CE DOIT ÊTRE UN COMPLICE DE PALM.

AMENEZ-LE-MOI.

CAR C'ÉTAIT EUX, VISIBLEMENT. C'EST LA CLÉ DE L'ÉNIGME.

COMME DANS TES ROMANS POLICIERS. LES GRIFFES ASSASSINES, PAR EXEMPLE. OU EMPREINTES DE SANG.

ABSOLUMENT !

TOUT À FAIT !

PAS DU TOUT ! POURQUOI AURAIENT-ILS FAIT ÇA ? ILS N'ONT AUCUN MOBILE !

BIEN SÛR QUE SI, REINE FIÈVRE, EXPLIQUEZ-LUI.

POUR QUE TU PUISSES REVENIR EN TANT QU'UNIQUE HÉRITIÈRE, BIEN ENTENDU.

UNE FOIS TOUTES LES AUTRES ÉLIMINÉES, TU DEVENAIS UNE MONNAIE D'ÉCHANGE INESTIMABLE POUR LES SERRES DE LA PAIX !

MAIS LES MEURTRES ONT COMMENCÉ DEUX ANS AVANT LE VOL DE TSUNAMI. PALM N'ÉTAIT MÊME PAS DANS LES SERRES !

ENSUITE, IL EST RESTÉ DANS LA GROTTE AVEC NOUS, À L'AUTRE BOUT DE PYRRHIA. IL N'A PAS PU FAIRE L'ALLER-RETOUR À CHAQUE FOIS POUR TUER LES DRAGONNETTES.

ALORS CE SONT SES CAMARADES QUI ONT FAIT LE SALE BOULOT. TU VOIS BIEN QUE ÇA SE TIENT, CORAIL. TOUTE CETTE HISTOIRE PREND SENS.

IL FAUT VITE EXÉCUTER CES DEUX MEURTRIERS !

PARFAIT ! EMMENEZ-LES. NOUS DÉCIDERONS DE LEUR EXÉCUTION PLUS TARD.

FIÈVRE VEUT LES VOIR MORTS. ET JE SUIS SÛRE QU'ELLE A TUÉ CRÉCERELLE, MAIS POURQUOI ?

TU SAIS CE QUE ÇA SIGNIFIE ? ON PEUT REMETTRE L'ŒUF DANS LA NURSERY.

JE NE RISQUE PAS LA VIE DE MA SŒUR PARCE QUE VOUS AVEZ GOBÉ L'HISTOIRE SANS QUEUE NI TÊTE DE FIÈVRE.

ELLE SERA EN PARFAITE SÉCURITÉ. DE PLUS, TOUTES LES REINES DE L'HISTOIRE DES AILES DE MER ONT ÉCLOS DANS LA NURSERY ROYALE.

SAUF MOI. VOUS REGRETTEREZ D'AVOIR DIT ÇA QUAND JE SERAI REINE.

OU PAS... AI-JE ENCORE ENVIE DE MONTER SUR LE TRÔNE ?

D'ACCORD. MAIS JE RESTE JUSQU'À CE QUE L'ŒUF ÉCLOSE.

EUH... C'EST NORMAL QU'IL GIGOTE ?

DANS LA NURSERY ROYALE ? NUIT ET JOUR ?

OUI, MAIS PROMETTEZ-MOI DE RELÂCHER PALM ET NAUFRAGE QUAND J'AURAI ATTRAPÉ LE VRAI MEURTRIER.

HA !
JE NE RELÂCHERAI
JAMAIS PALM.

MÊME
SI JE SAUVE
VOTRE DERNIÈRE
HÉRITIÈRE ?

C'EST INUTILE.
NOUS TENONS LES
ASSASSINS.

LE MARCHÉ
N'EST DONC
PAS BIEN
COMPLIQUÉ.

JE TE LAISSE NAUFRAGE.
MAIS PALM DOIT RÉPONDRE
DE SES AGISSEMENTS.

FIÈVRE A TOUJOURS
L'AIR SATISFAITE. C'EST
DONC LA MORT DE PALM
QU'ELLE VEUT.

C'EST LE MIEUX
QUE JE PUISSE FAIRE POUR
LE MOMENT. JE TROUVERAI UN
MOYEN DE SAUVER PALM
PLUS TARD.

D'ACCORD.

MAIS TSUNAMI...
ON AVAIT DÉCIDÉ DE
RESTER GROUPÉS. ON
NE POURRA PAS TE
PROTÉGER LÀ-BAS.

ET CELUI QUI
EN VEUT AUX ŒUFS
S'EN PRENDRA AUSSI
À TOI.

PAS
SI JE
L'ATTRAPE
AVANT.

TAP
TAP

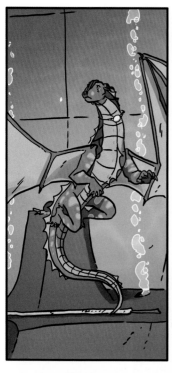

SCRRRRRRRRR

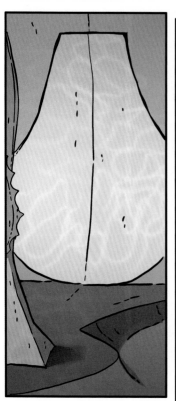

SCRRRRRRRRRR

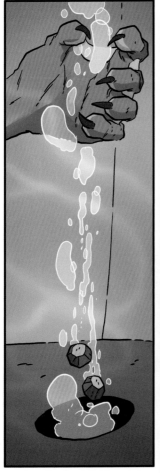

UNE LANCE
PEUT-ELLE BRISER
LA PIERRE ?

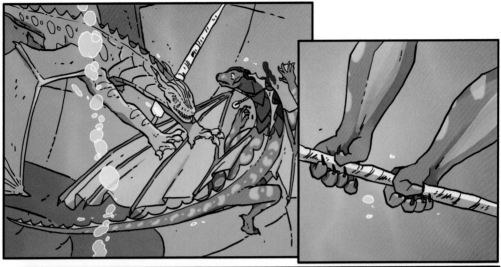

TIENS !

COMMENT ME REPÈRE-T-ELLE ? À CAUSE DU SANG ?

PAS CETTE FOIS !

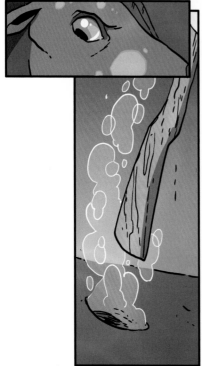

PRENDS ÇA !

CRAC!

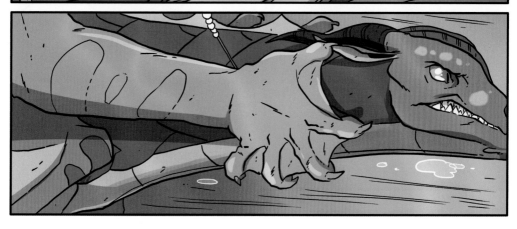

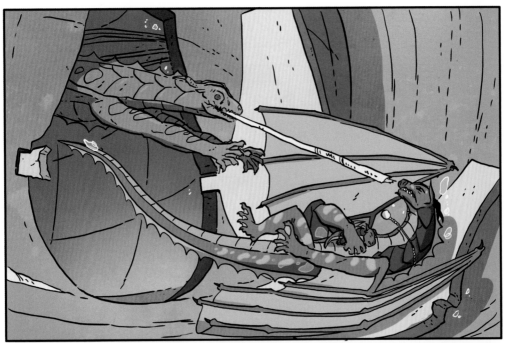

GRAT
GRAT

OUF !
SAINE ET SAUVE !

ATCHOUM !

ARRÊTE DE TE METTRE DU SABLE DANS LE MUSEAU !

TU LUI AS TROUVÉ UN NOM ?

JE CHERCHE LE NOM PARFAIT.

MORSE ?

CE N'EST PAS UN MORSE ! ELLE A UNE ALLURE PRINCIÈRE !

TRÈS TRÈS PRINCIÈRE !

ELLE EST AFFREUSEMENT MIGNONNE. ELLE A TON MUSEAU, TSUNAMI.

QU'EST-CE QUI TE PREND, COMÈTE ?

TU LÈCHES LES PATTES DE FIÈVRE ?

PAS DU TOUT.

SI! C'EST VRAI!

JE PENSE JUSTE QU'ELLE FERAIT UNE BONNE REINE.

NON! DANS LA GROTTE, TU DISAIS QU'ELLE ÉTAIT MACHIAVÉLIQUE.

ELLE EST INTELLIGENTE. ET... TOUJOURS MIEUX QUE FOURNAISE OU FLAMME.

JE NE L'AIME PAS.

AH BON ?

ELLE A DIT QUE J'ÉTAIS ADORABLE, COMME SI ÇA SUFFISAIT À ME RÉSUMER.

MAIS TU ES ADORABLE.

ET ÇA TE RÉSUME ASSEZ BIEN. MAIS JE NE L'AIME PAS NON PLUS. ALLONS VOIR FLAMME. PEUT-ÊTRE QU'ELLE N'EST PAS SI ÉCERVELÉE QUE LE DIT LA LÉGENDE.

J'EN DOUTE.

TU AS FINI ICI, TSUNAMI ? ON PEUT PARTIR À LA RECHERCHE DE FLAMME ?

JE...

FLAP FLAP FLAP FLAP

SCOUIC !

TU LUI AS TROUVÉ UN NOM ?

QUE PENSES-TU DE FRÉGATE ?

C'EST UN OISEAU DE MER.

OH... COOL. ENFIN, JE LE SAVAIS.

LA STATUE D'ORCA A ÉTÉ DÉTRUITE. ELLE ÉTAIT SI BELLE ! JE N'ARRIVE PAS À CROIRE QUE MA FILLE M'AIT CACHÉ SES POUVOIRS D'ANIMUS.

NOUS ALLONS EXAMINER TOUTES SES SCULPTURES.

ON EST SÛRS QUE C'ÉTAIT ELLE, ALORS ?

AVANT QU'ON NE LA DÉTRUISE, ANÉMONE A RANIMÉ LA STATUE ET LUI A FAIT RÉVÉLER QUI L'AVAIT ENSORCELÉE. ELLE A CLAIREMENT DÉSIGNÉ ORCA.

ORCA A SCULPTÉ CETTE STATUE ET EN A FAIT DON À LA NURSERY PEU AVANT DE ME DÉFIER. J'IMAGINE QU'ELLE PENSAIT GAGNER, ELLE AVAIT DONC PRÉVU UN MOYEN DE SE DÉBARRASSER DE SES FUTURES RIVALES.

COUPABLE

NOM DU SUSPECT : ORCA
PROFESSION : PRINCESSE AUX POUVOIRS SECRETS D'ANIMUS
SIGNES DISTINCTIFS : DOUÉE EN SCULPTURE, MORTE

ÇA EXPLIQUE
SES DERNIERS MOTS :
« J'AI EU TOUT FAUX.
MAINTENANT, TU VAS
RÉGNER ÉTERNELLEMENT.
PERSONNE NE POURRA
PLUS T'ÉLIMINER. »

MAIS...
SI LA STATUE ÉTAIT
LA MEURTRIÈRE, ALORS
QUI A ATTAQUÉ TSUNAMI
DANS LE TUNNEL ?

NOUS FINIRONS
PAR L'ATTRAPER. ON
TROUVE TOUJOURS LA
SOLUTION À CE GENRE
D'ÉNIGME.

SAUF QUE CE
N'EST PAS UN
ROMAN.

VOUS AVIEZ PROMIS
DE LIBÉRER NAUFRAGE
QUAND ON AURAIT
TROUVÉ L'ASSASSIN.

JE SAIS. MAIS
QUE FAIRE DE LUI ? IL
NE PEUT PAS DEMEURER
DANS MON ROYAUME.

IL POURRAIT
VENIR AVEC
NOUS...

AVEC
VOUS ? VOUS
PARTEZ ?

TSUNAMI, RÉFLÉCHIS
AVANT DE PARLER !

JE NE ME SENS
PAS CHEZ MOI ICI, MÈRE.
VOUS AVEZ DEUX FILLES
QUI SERONT UN JOUR DES
REINES FORMIDABLES.

JE DOIS FAIRE
CESSER CETTE GUERRE.
AVEC MES AMIS.

TU N'AS RIEN À RÉPONDRE À CELA, AILE DE NUIT ?

MINABLE !

VOUS AVEZ VRAIMENT UN TRUC QUI CLOCHE. MAIS VOUS ÊTES LES SEULS DRAGONNETS QUE J'AIE SOUS LA PATTE ET JE NE VOUS LÂCHERAI PAS.

JE SUIS SÛRE QU'ILS VOUS CHOISIRONT MALGRÉ TOUT, TRÈS CHÈRE. PERSONNE NE VEUT DE FLAMME COMME REINE !

ENCORE FAUDRAIT-IL QU'ILS SURVIVENT. LE MONDE EST DANGEREUX, CORAIL. N'OUBLIE PAS BRANKIO.

IL EST MÊME PLUS IMPITOYABLE QUE TU NE L'IMAGINES, MON AMIE.

AIMERAIS-TU SAVOIR QUI A TUÉ TON MARI DANS L'ARÈNE ?

QU'EST-CE QUE VOUS RACONTEZ ?

NON, PITIÉ ! PAS MAINTENANT !

VOUS DEVRIEZ AUSSI SAVOIR QUE FIÈVRE A TUÉ CRÉCERELLE. ET QU'ELLE VEUT QUE PALM SOIT EXÉCUTÉ UNIQUEMENT POUR DES RAISONS PERSONNELLES.

NE LES ÉCOUTE PAS, CORAIL. CES DRAGONNETS IGNORENT CE QUI EST BON POUR EUX.

PAS LA PRISON EN TOUT CAS. ET ADRESSEZ-VOUS À MA MÈRE EN EMPLOYANT SON TITRE : REINE CORAIL.

JE NE COMPRENDS PAS CE QUI SE PASSE. MAIS POUR TA SÉCURITÉ, TSUNAMI, TU VAS RESTER ICI.

MÈRE ! RÉFLÉCHISSEZ PAR VOUS-MÊME POUR UNE FOIS ! LAISSEZ-NOUS PARTIR !

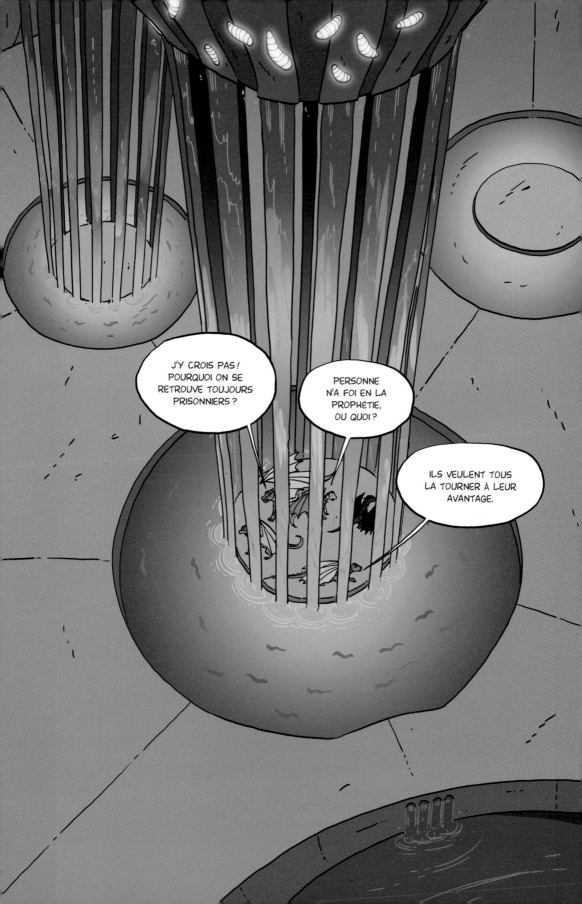

C'EST QUOI, CES BÊTES BIZARRES, DANS L'EAU ?

RECULE, TSUNAMI !

POURQUOI ?

JE CROIS QUE... QUE CE SONT DES ANGUILLES ÉLECTRIQUES.

C'EST QUOI, ÇA ?

ÇA PRODUIT UNE DÉCHARGE ASSEZ PUISSANTE POUR TUER UN DRAGON.

COMME SI T'ÉTAIS FRAPPÉ PAR LA FOUDRE.

ALORS TOUTE CETTE EAU...

RISQUE D'ÊTRE CHARGÉE D'ÉLECTRICITÉ.

POURQUOI TU N'AS PAS LANCÉ DE VENIN AUX GARDES, GLORIA ?

JE ME RETIENS. J'ATTENDS LE BON MOMENT.

VAUT MIEUX. TON CRACHAT MAGIQUE DE LA MORT EST NOTRE ARME SECRÈTE.

MERCI, TSUNAMI. MAIS JE VOTE CONTRE L'APPELLATION « CRACHAT MAGIQUE DE LA MORT ».

ON POURRAIT CONVAINCRE UN GARDE DE NOUS LIBÉRER ?

QUOI ? D'HABITUDE, TU COGNES D'ABORD.

J'AIME TOUJOURS COGNER.

CRAC

DES TAS DE GARDES SONT DE NOTRE CÔTÉ, EN RÉALITÉ. ON N'EST PEUT-ÊTRE PAS OBLIGÉS DE COGNER.

SINON JE LEUR DISSOUS LES YEUX.

AVEC TON CRACHAT MAGIQUE DE LA MORT.

ÇA S'APPELLE PAS LE CRACHAT MAGIQUE DE LA MORT !

VOUS AVEZ ENTENDU ?

QUOI ?

DIFFICILE À DIRE... AVEC LE BRUIT DE L'EAU.

FFFFLLLL

C'EST JUSTE QUE... JE NE SUIS PAS PRÊTE À VIVRE COMME PALM, À PARTIR POUR TOUJOURS.

ET LES AILES DE MER ONT BESOIN DE MOI. MÈRE AUSSI, POUR NE PAS ÊTRE MANIPULÉE PAR FIÈVRE.

TU COMPRENDS, HEIN ?

OUI, BIEN SÛR.

TU PEUX QUAND MÊME NOUS LIBÉRER, NON ?

ILS SAURONT TOUT DE SUITE QUE C'EST ELLE.

C'EST VRAI. C'EST TROP DANGEREUX.

IL Y A AUTRE CHOSE QUE JE PEUX FAIRE POUR VOUS.

LANCE, TROUVE LE DRAGON QUI A ATTAQUÉ TSUNAMI DANS LE TUNNEL ET RAMÈNE-LE.

SWWIIISSH !

ET ÇA MARCHE
VRAIMENT ?

TU N'ÉTAIS PAS
OBLIGÉE DE FAIRE ÇA.
TU TE SENS BIEN ?

J'AI JUSTE
UN PEU FROID.

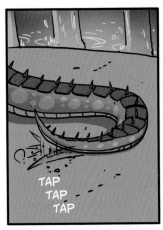

TAP
TAP
TAP

WWWOOOUWWW

J'ENTENDS
QUELQU'UN.

OUILLE! QU'EST-CE... POURQUOI...? AÏE! MAIS... AÏE! ARRÊTEZ! JE LE DIRAI À LA R... **OUILLE!**

C'ÉTAIT PAS CORAIL.

NI REQUIN.

NI MURÈNE.

JACUZZI?

ANÉMONE! JE NE T'AURAIS JAMAIS CRUE CAPABLE DE JETER UN TEL SORT!

IL FAUT PRÉVENIR LA REINE FIÈVRE. ELLE SERA RAVIE DE TES PROGRÈS!

JE VOUS LE DÉCONSEILLE!

TU N'ES PAS EN POSITION DE ME MENACER.

JE VAIS RÉVÉLER À MA MÈRE QUE VOUS AVEZ TENTÉ DE ME TUER. À VOTRE AVIS, COMMENT LE PRENDRA-T-ELLE?

ELLE POURRAIT M'EN ÊTRE RECONNAISSANTE, JE VOULAIS SIMPLEMENT QU'ANÉMONE DEVIENNE REINE.

MOI ? VOUS NE M'AIMEZ PAS !

OUI, MAIS JE N'AI FRANCHEMENT PAS ENVIE D'ÉPOUSER TSUNAMI.

ÇA, JE COMPRENDS QU'ON VEUILLE TE TUER POUR ÉCHAPPER AU MARIAGE.

NE VOUS EN FAITES PAS, JE PRÉFÉRERAIS ÊTRE DÉVORÉE PAR DES REQUINS-TIGRES !

EN REVANCHE, J'AI VRAIMENT ENVIE D'ÊTRE ROI. EN T'ÉLIMINANT, J'ÉVITE D'ÉPOUSER UNE FURIE.

MAIS JE NE VEUX PAS VOUS ÉPOUSER NON PLUS !

QUAND J'AURAI PARLÉ DE TES DONS AUX REINES, ELLES ACCÉDERONT À TOUS MES DÉSIRS.

VOUS NE LEUR DIREZ RIEN !

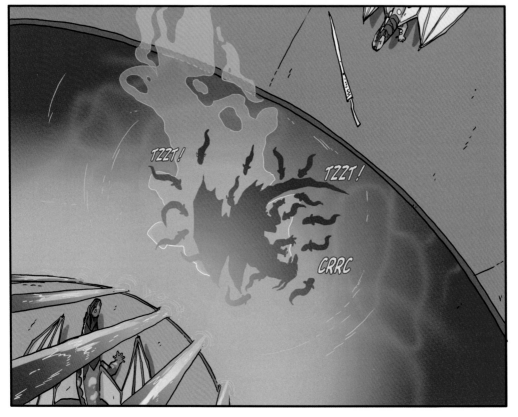

ÇA VA,
ANÉMONE ?

TU PEUX
SANS DOUTE
TRAVERSER,
MAINTENANT.

AH OUI ?
POURQUOI ?

LES ANGUILLES
DOIVENT SE
RECHARGER,
JE CROIS.

LES GARDES
DOIVENT AVOIR UN
INTERRUPTEUR...
L'UN DE NOUS
POURRAIT
TRAVERSER POUR
ÉTEINDRE LE
MUR D'EAU.

MAIS
JE N'EN SUIS
PAS CERTAIN.
DÉSOLÉ.

COMÈTE !
TU SAIS TOUT !
JE SUIS SÛRE QUE
TU AS RAISON.

JE VAIS Y ALLER, COMME
ÇA, JE SERAI LA SEULE
À RISQUER MA VIE.

MAIS C'EST MON IDÉE.
SI JE ME TROMPE,
C'EST MOI QUI...

NE SOIS PAS
BÊTE. C'EST MON
ROYAUME. JE VOUS
AI ENTRAÎNÉS DANS
CETTE GALÈRE.

MA SŒUR A BESOIN DE MOI.

MAIS SI JE MEURS, QUE DEVIENDRONT LES AUTRES ?

OK. ON VOTE !

PAR LES LUNES SACRÉES ! ON NOUS A CHANGÉ NOTRE TSUNAMI !

VITE !

JE ME FIE À COMÈTE. TU PEUX TRAVERSER.

PAS MOI. PERSONNE N'ESSAIE, PAR PRÉCAUTION.

J'AI TROP ENVIE DE SORTIR D'ICI, JE SUIS PRÊTE À RISQUER LES ÉCAILLES DE NOTRE CHEFTAINE.

TU COMPTES BEAUCOUP POUR NOUS, TSUNAMI, N'Y VA PAS...

IL FAUT QUE TU SORTES D'ICI !

MAIS TU AS VU...

C'ÉTAIT UN ACCIDENT !

PENSE À TOUS LES DRAGONS QU'ELLES T'AURAIENT FAIT TUER.

TU DIRAS À MÈRE QUE TES POUVOIRS S'AFFAIBLISSENT. RATE TON COUP À CHAQUE FOIS.

MAIS UN JOUR...

UN JOUR, TRÈS BIENTÔT, LA GUERRE SERA TERMINÉE. ON VA Y METTRE FIN. FAIS-MOI CONFIANCE.

FILE VOIR MÈRE, TU AURAS UN ALIBI QUAND ON S'ENFUIRA.

BONNE CHANCE.

BONNE CHANCE À TOI AUSSI.

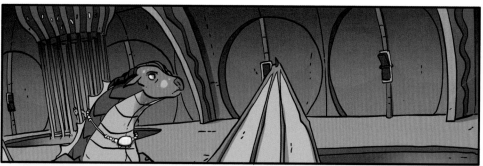

HÉ, PETITE !

TU POURRAIS ME LIBÉRER AUSSI ?

CRR
CRR
CLANC !

WOUSHHH !

ÇA RECOMMENCE. VOUS N'ENTENDEZ PAS ?

FFFPP FFFPP

QUOI ?

JE NE SAIS PAS. DES BATTEMENTS D'AILES ?

DES AILES DE MER VOLENT PARTOUT DANS LE PALAIS.

NON, C'EST PLUS FORT, PLUS HAUT...

CE DOIT ÊTRE TON IMAGINATION.

FFLPPP FLLPPP

NON, J'ENTENDS VRAIMENT DES BATTEMENTS D'AILES AU-DESSUS DU FEUILLAGE. PLEIN !

FLAP !

SUNNY...

ELLE A RAISON.

FLAP !

ÇA SENT LE BRÛLÉ, EN PLUS.

FLAP !

ALLEZ AVERTIR LE PALAIS !

BOUGEZ-VOUS !

MÈRE ! ATTENTION ! ON NOUS ATTAQUE !

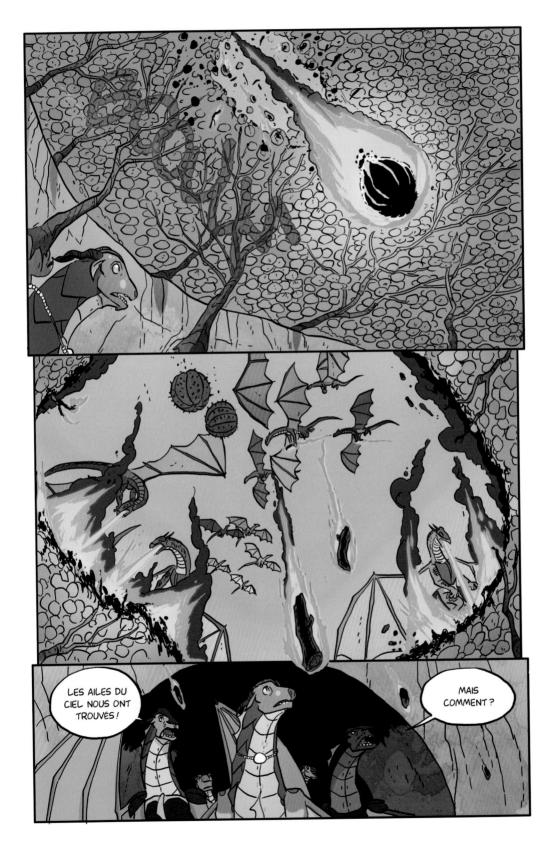

ALLEZ-Y ! C'EST PLUS IMPORTANT DE DÉFENDRE LE PALAIS QUE DE GARDER LES PRISONNIERS !

LIBÉRONS NAUFRAGE ET PALM.

MERCI, TSUNAMI.

LES DRAGONNETS DU DESTIN SONT DES PROS DU SAUVETAGE D'URGENCE !

ATTENDS, TSUNAMI. J'AI UN TRUC À TE DIRE.

JE... TRAVAILLE BIEN POUR LES SERRES DE LA PAIX.

IL M'A ENCORE MENTI!

TU AS LA FÂCHEUSE HABITUDE DE ME CACHER DES INFOS CAPITALES.

JE LES AI REJOINTS POUR EN SAVOIR PLUS SUR MON PÈRE.

JE SUIS RESTÉ POUR M'ASSURER QU'IL NE VOUS ARRIVE RIEN. SI TU AVAIS SU, TU NE M'AURAIS PAS FAIT CONFIANCE.

ÇA, C'EST SÛR.

HUM... TSUNAMI? PALM? ON LA CONNAÎT, ELLE?

OUI, ELLE EST DANS LES SERRES DE LA PAIX. CROCODILE, QU'EST-CE QUE TU FAIS LÀ ?

PAUVRE PALM, TOUJOURS À CÔTÉ DE LA PLAQUE !

ALORS, VOILÀ LES PETITS MORVEUX QUI OBSÈDENT TANT LES SERRES DE LA PAIX ?

BAH... LES AILES DU CIEL TIENNENT QUAND MÊME À VOUS RÉCUPÉRER.

MAIS... TU NE TRAVAILLES PAS POUR EUX !

EH SI ! QUI AURAIT CRU QU'INFILTRER LES SERRES DE LA PAIX SERAIT AUSSI UTILE ? QUE J'ACCÉDERAIS AU ROYAUME SECRET QUE NOUS CHERCHIONS DEPUIS UNE ÉTERNITÉ ?

ET EN BONUS, J'AI TROUVÉ LES DRAGONNETS DU DESTIN. LA NOUVELLE REINE VA ÊTRE RAVIE.

LA REINE SCARLET EST VRAIMENT MORTE, ALORS ?

PERSONNE NE SAIT CE QUI LUI EST ARRIVÉ. ELLE S'EST VOLATILISÉE.

EH BIEN, VOUS ALLEZ AVOIR LA CHANCE DE LE DÉCOUVRIR !

AAAARRRRRGH !

ALLONS-Y !

TOUT LE MONDE SE BAT POUR ENTRER DANS LE TUNNEL. ON N'Y ARRIVERA JAMAIS.

ON VA DEVOIR TRAVERSER LE FEUILLAGE.

CE PLAN NE ME PLAÎT PAS NON PLUS.

REGARDEZ, UN PASSAGE ! C'EST NOTRE SEUL SPOIR !

JE DOIS RESTER LES AIDER.

ILS VONT TE JETER EN PRISON !

SANS DOUTE, MAIS C'EST MON ROYAUME. JE DOIS LE DÉFENDRE.

TSUNAMI... JE SUIS DÉSOLÉ. J'ESPÈRE QUE LA PROCHAINE FOIS... ENFIN, J'ESPÈRE QU'IL Y AURA UNE PROCHAINE FOIS.

EST-CE QUE JE LUI PARDONNE OU PAS ?

IL M'A BEAUCOUP MENTI, MAIS JE TIENS À LUI QUAND MÊME...

QUI VIVRA, VERRA...

MOI AUSSI !

MOLLUSQUE SANS CERVELLE !

HA !

IL NOUS FAUT DE L'AIDE. J'IGNORE COMMENT ON SOIGNE ÇA.

QUI POURRAIT TROUVER UN TRAITEMENT CONTRE LE VENIN D'AILE DE SABLE ?

LES AILES DE SABLE, MAIS OÙ EN TROUVER UN DIGNE DE CONFIANCE ?

JE SAIS QUI POURRAIT NOUS AIDER.

QUI ÇA ?

LES AILES DE PLUIE !

ILS ONT AUSSI DU VENIN... ILS DOIVENT SAVOIR COMMENT RÉAGIR QUAND ILS EMPOISONNENT LE MAUVAIS DRAGON.

ET COMME ÇA, ON POURRA CHERCHER LA FAMILLE DE GLORIA.

VOUS... VOUS ÊTES SÛRS ?

TOUT À FAIT !

JE PARIE QUE LA JUNGLE EST MAGNIFIQUE. ET IL DOIT Y AVOIR DES TAS DE TRUCS À MANGER.

PARFAIT, ALORS ON Y VA.

ON SE
REPOSE
AVANT ?

ON SE REPOSE
AVANT.

JE SUIS
DÉSOLÉ POUR
TA MÈRE, ET
LE PALAIS...

ET FIÈVRE,
ET JACUZZI...

ET NAUFRAGE,
ET...

C'EST BON,
J'AI COMPRIS.

J'ESPÈRE QU'ILS
SURVIVRONT À
L'ATTAQUE.

MOI AUSSI.
S'ILS ARRIVENT À SE
RÉFUGIER AU PALAIS
DES PROFONDEURS, ILS
SERONT HORS DE
DANGER.

ANÉMONE
FERA UNE BONNE REINE.
ELLE PRENDRA DE
L'ASSURANCE ET DE
L'INDÉPENDANCE EN
GRANDISSANT.

SI ELLE TE
RESSEMBLE, C'EST SÛR !
ON NE FAIT PAS PLUS
INDÉPENDANTE !

MAIS... ET TON
FABULEUX DESTIN
ROYAL, ALORS ?

BAH, JE VAIS ME CONTENTER DE VOUS COMMANDER, LES GARS.

HA HA ! TU PEUX TOUJOURS ESSAYER !

ÇA, C'EST SÛR. PAS PARCE QUE JE PENSE QUE JE SUIS LA MEILLEURE.

MAIS PARCE QUE JE VEUX VOUS PROTÉGER.

C'EST PLUS IMPORTANT QUE DE DEVENIR REINE, FINALEMENT.